MARCELINO MENENDEZ Y PELAYO

HISTORIA DE LOS HETERODOXOS ESPAÑOLES. INTRODUCCIÓN

BARCELONA 2012
WWW.LINKGUA-DIGITAL.COM

CRÉDITOS

Título original: Historia de los heterodoxos españoles.

Diseño de cubierta: Red ediciones.

ISBN rústica: 978-84-9816-851-8.

El diseño de este libro se inspira en **Die neue Typographie**, de Jan Tschichold, que ha marcado un hito en la edición moderna.

SUMARIO

PRESENTACIÓN

La vida

Marcelino Menéndez y Pelayo. (1856-1912). España.

Estudió en la Universidad de Barcelona (1871-1873) con Milá y Fontanals, en la de Madrid (1873), y en Valladolid (1874), donde hizo amistad con el ultraconservador Gurmesindo Laverde, que lo apartó de su liberalismo.

Trabajó en las bibliotecas de Portugal, Italia, Francia, Bélgica y Holanda (1876-1877) y ejerció de catedrático de la Universidad de Madrid (1878). En 1880 fue elegido miembro de la Real Academia Española, diputado a Cortes entre 1884 y 1892 y fue director de la Real Academia de la Historia. Al final de su vida recuperó su liberalismo inicial.

La historia antigua de los heterodoxos

La Historia de los heterodoxos españoles es un documentado estudio de los movimientos espirituales marginales de la península Ibérica.

Linkgua ofrece a los lectores, por primera vez, capítulos de la Historia de los heterodoxos españoles que pueden ser adquiridos juntos o separados y que son útiles por sí mismos para comprender mejor las corrientes religiosas no católicas de España.

ADVERTENCIAS PRELIMINARES

La primera edición de la HISTORIA DE LOS HETERODOXOS ESPAÑOLES consta de tres volúmenes, publicados desde 1880 a 1882[1]. Con haber sido la tirada de cuatro mil ejemplares, cifra que rara vez alcanzan en España las obras de erudición, no tardó mucho en agotarse, y es hoy una rareza bibliográfica, lo cual, como bibliófilo que soy, no deja de envanecerme, aunque ninguna utilidad me proporcione. Los libreros se hacen pagar a alto precio los pocos ejemplares que caen en sus manos, y como hay aficionados para todo, hasta para las cosas raras, han llegado a venderse a 25 duros los tres tomos en papel ordinario y a 50 o más los pocos que se tiraron en papel de hilo.

En tanto tiempo, han sido frecuentes las instancias que de palabra y por escrito se me han hecho para que consintiese en la reproducción de esta obra, que era de todas las mías la más solicitada, aunque no sea ciertamente la que estimo más. Si sólo a mi interés pecuniario hubiese atendido, hace mucho que estarían reimpresos los HETERODOXOS; pero no pude determinarme a ello sin someterlos a escrupulosa revisión, que iba haciéndose más difícil conforme pasaban los años y se acumulaban diariamente en mi biblioteca nuevos documentos de todo género, que hacían precisa la refundición de capítulos enteros. Los dos ejemplares de mi uso vinieron a quedar materialmente anegados en un piélago de notas y enmiendas. Algún término había que poner a semejante trabajo, que mi conciencia de investigador ordenaba, pero que los límites probables de la vida no me permitían continuar indefinidamente. Aprovechando, pues, todos los materiales, que he recogido, doy a luz nuevamente la HISTORIA DE LOS HETERODOXOS, en forma que para mí habrá de ser definitiva, aunque no dejaré de consignar en notas o suplementos finales las noticias que durante el curso de la impresión vaya adquiriendo o las nuevas correcciones que se me ocurran. No faltará quien diga que con todo ello estropeo mi obra. ¡Como si se tratase de alguna novela o libro de pasatiempo! La Historia no se escribe para gente frívola y casquivana, y el primer deber de todo historiador honrado es ahondar en la investigación cuanto pueda, no desdeñar ningún documento y corregirse a sí mismo cuantas veces sea menester. La exactitud es una forma de la probidad literaria y debe extenderse a los más nimios pormenores, pues ¿cómo ha de tener autoridad en lo grande el que se muestra olvidadizo y negligente en lo pequeño? Nadie es responsable de las equivocaciones involuntarias; pero no merece nombre de escritor formal quien deja subsistir a sabiendas un yerro, por leve que parezca.

Bien conozco que es tarea capaz de arredrar al más intrépido la de refundir un libro de erudición escrito hace más de treinta anos, que han sido de renovación casi total en muchas ramas de la Historia eclesiástica, y de progreso acelerado en todas. Los cinco primeros siglos de la Iglesia han sido estudiados con una profundidad que asombra. La predicación apostólica, la historia de los dogmas, los orígenes de la liturgia cristiana, la literatura patrística, las persecuciones, los concilios, las herejías, la constitución y disciplina de la primitiva Iglesia, parecen materia nueva cuando se leen en los historiadores más recientes. La Edad Media, contemplada antes con ojos románticos, hoy con sereno y desinteresado espíritu, ofrece por sí sola riquísimo campo a una legión de operarios que rehace la historia de las instituciones a la luz de la crítica diplomática, cuyos instrumentos de trabajo han llegado a una precisión finísima. Colecciones ingentes de documentos y cartularios, de textos hagiográficos, de concilios, decretales y epístolas pontificias, de todas las fuentes de jurisprudencia canónica, han puesto en circulación una masa abrumadora de materiales, reproducidos con todo rigor paleográfico y sabiamente comentados. Apenas hay nación que no posea. ya un Corpus de sus escritores medievales, unos Monumenta historica, una serie completa de sus crónicas, de sus leyes y costumbres; una o varias publicaciones de arqueología artística, en que el progreso de las artes gráficas contribuye cada día más a la fidelidad de la reproducción. Con tan magnífico aparato se ensanchan los horizontes de la historia social, comienzan a disiparse las nieblas que envolvían la cuna del mundo moderno, adquieren su verdadero sentido los que antes eran sólo datos de árida cronología, y la legítima rehabilitación de la Edad Media, que parecía comprometida por el entusiasmo prematuro, no es ya tópico vulgar de poetas y declamadores, sino obra sólida, racional y científica de grandes eruditos, libres de toda sospecha de apasionamiento.

No es tan fácil evitarle en la Historia moderna, puesto que los problemas que desde el Renacimiento y la Reforma comenzaron a plantearse son en el fondo idénticos a los que hoy agitan las conciencias, aunque éstos se formulen en muy diverso estilo y se desenvuelvan en más vasto escenario. Pero tiene la investigación histórica, en quien honradamente la profesa, cierto poder elevado y moderador que acalla el tumulto de las pasiones hasta cuando son generosas y de noble raíz, y, restableciendo en el alma la perturbada armonía, conduce por camino despejado y llano al triunfo de la verdad y de la justicia, único que debe proponerse el autor católico. No es necesario ni conveniente que su historia se llame apologética, porque el nombre la haría sospechosa. Las acciones humanas, cuando son rectas y ajustadas a la ley de Dios, no necesitan apología; cuando no lo son, sería temerario e inmoral empeño el defenderlas. La materia de la historia está fuera del historiador, a quien con ningún pretexto es lícito deformarla. No es tema de argumentación escolástica ni de sutileza capciosa y abogadil, sino de psicología individual y social. La apología, o más bien el reconocimiento de la misión alta y divina de la Iglesia en los destinos del género humano, brota de las entrañas de la historia misma; que cuanto más a fondo se conozca, más claro nos dejará columbrar el fin providencial. Flaca será la fe de quien la sienta vacilar leyendo el relato de las tribulaciones con que Dios ha querido robar a la comunidad cristiana en el curso de las edades, para depurarla y acrisolarla: ut qui probati sunt manifesti fiant in vobis.

Guiados por estos principios, grandes historiadores católicos de nuestros días han escrito con admirable imparcialidad la historia del Pontificado en los siglos XV y XVI y la de los orígenes de la Reforma; y no son pocos los eruditos protestantes que al tratar de estas épocas, y aun de otras más modernas, han rectificado noblemente algunas preocupaciones muy arraigadas en sus respectivas sectas. Aun la misma crítica racionalista, que lleva implícita la negación de lo sobrenatural y es incompatible con cualquiera teología positiva, ha sido factor de extraordinaria importancia en el estudio de las antigüedades eclesiásticas, ya por las nuevas cuestiones que examina, ya por los aciertos parciales que logra en la historia externa y documental, que no es patrimonio exclusivo de nadie.

Católicos, protestantes y racionalistas han trabajado simultáneamente en el grande edificio de la Historia eclesiástica. Hijo sumiso de la Iglesia, no desconozco la distinta calificación teológica que merecen y la prudente cautela que ha de emplearse en el manejo de las obras escritas con criterio heterodoxo. Pero no se las puede ignorar ni dejar de aprovecharlas en todo lo que contienen de ciencia positiva, y así la practican y profesan los historiadores católicos menos sospechosos de transacción con el error. Medítense, por ejemplo, estas palabras del cardenal Hergenroether en el prefacio de su Historia de la Iglesia, tan conocida y celebrada en las escuelas religiosas: «Debemos explotar y convertir en provecho propio todo lo que ha sido hecho por protestantes amigos de la verdad y familiarizado con el estudio de las fuentes. Sobre una multitud de cuestiones, en efecto, y a pesar del muy diverso punto de vista en que nos colocamos, no importa que el autor de un trabajo sea protestante o católico. Hemos visto sabios protestantes formular sobre puntos numerosos, y a veces de gran importancia, un juicio más exacto y mejor fundado que el de ciertos escritores católicos, que eran en su tiempo teólogos de gran nombradía»[2].

Gracias a este criterio amplio y hospitalario, vuelve a recobrar la erudición católica el puesto preeminente que en los siglos XVI y XVII tuvo, y que sólo en apariencia pudo perder a fines del XVIII y principios del XIX. Hoy, como en tiempos antiguos, el trabajo de los disidentes sirve de estímulo eficaz a la ciencia ortodoxa. Sin los centuriadores de Magdeburgo, acaso no hubieran existido los Anales del cardenal Baronio, que los enterró para siempre a pesar de las Exercitationes, de Casaubon. Desde entonces, la superioridad de los católicos en este orden de estudios fue admirablemente mantenida por los grandes trabajos de la escuela francesa del siglo XVII (Tillemont, Fleury, Natal Alejandro, los benedictinos de San Mauro), por sus dignos émulos italianos de la centuria siguiente (Ughelli, Orsi, Mansi, Muratori, Zaccaria). Pero la decadencia de los estudios serios, combatidos por el superficial enciclopedismo, y aquella especie de languidez espiritual que había invadido a gran parte del clero y pueblo cristiano en los días próximos a la Revolución, trajeron un innegable retroceso en los estudios teológicos y canónicos, y cuando comenzaron a renacer, no fue el campo de la erudición el más asiduamente cultivado. La mayor parte de las historias eclesiásticas publicadas en la Europa meridional durante la primera mitad del siglo XIX, y aún más aca, no son más que compilaciones sin valor propio, cuya endeblez contrasta tristemente con los pilares macizos e inconmovibles de la ciencia antigua.

La falta de comprensión del espíritu cristiano, que fue característica del filosofismo francés y del doctrinarismo liberal en todos sus grados y matices, contagió a los mismos creyentes y redujo las polémicas religiosas a términos de extrema vulgaridad: grave dolencia de que no acaban de convalecer las naciones latinas.

En Alemania, donde la vida teológica nunca dejó de ser intensa y donde el movimiento de las escuelas protestantes había producido y seguía produciendo obras de tanta consideración como la del pietista Arnold (1705); las Institutiones, de Mosheim (1755), y la obra latísima de su discípulo Schroeckh (1768); la Historia de las herejías, de Walch (1762); la Historia general de la religión cristiana, de Neander (1825-1845), influido por la teología sentimental o pectoral de Schleiermacher; el Manual, de Gieseler (1823-1855), tan útil por las indicaciones y extractos de las fuentes; las publicaciones de Baur, corifeo de la escuela crítico-racionalista de Tubinga, y entre ellas, su Historia eclesiástica (1853-1863), no era posible que la ciencia ortodoxa quedase rezagada cuando el pueblo católico se despertó a nueva vida intelectual en los días de Stolberg y José de Goerres. La Historia de la Iglesia, del primero, obra de ferviente piedad, no menos que de literatura, anuncia desde 1806 el advenimiento de la nueva escuela, de la cual fueron o son glorias incontestables Moehler, el preclaro autor de la Simbólica y biógrafo de San Atanasio el Grande; Hefele, historiador de los concilios; Doellinger, en los escritos anteriores a su caída cismática, tales como Paganismo y judaísmo, Iglesia e Iglesias, Cristianismo e Iglesia en el tiempo de su fundación, La Reforma: su desarrollo y efectos, sin olvidar sus excelentes manuales; Jannsen, que con el título de Historia del pueblo alemán, nos ha dado el más profundo libro sobre el primer siglo de la Reforma; su discípulo y continuador insigne, Luis Pastor, a cuyos trabajos debe tan copiosa y nueva luz la historia de los papas del Renacimiento.

Aunque Alemania continúe siendo, en ésta como en casi todas las ramas de la erudición, maestra de Europa, sería grande injusticia callar la parte principal y gloriosa que a Italia corresponde en la creación de la arqueología cristiana, por obra de la escuela de Rossi; ni el concurso eficaz de la ciencia francesa, dignamente representada hoy por Duchesne, autor de los Orígenes del culto cristiano (1889), y de una Historia sintética y elegante de los primeros siglos de la Iglesia, de la cual van publicados tres volúmenes.

Hora es ya de que los españoles comencemos a incorporarnos en esta corriente, enlazándola con nuestra buena y sólida tradición del tiempo viejo, que no debemos apartar nunca de los ojos si queremos tener una cultura propia. No faltan teólogos nimiamente escolásticos que recelen algún peligro de este gran movimiento histórico que va invadiendo hasta la enseñanza de la teología dogmática. Pero el peligro, dado que lo fuera, no es de ahora; se remonta por lo menos a las obras clásicas de Dionisio Petavio y de Thomassino[3], que tuvieron digno precursor en nuestro Diego Ruiz de Montoya[4]. De rudos e ignorantes calificaba Melchor Cano a los teólogos en cuyas lucubraciones no suena la voz de la Historia[5]. Sin la historia eclesiástica (ha dicho Hergenroether) no hay conocimiento completo de la ciencia cristiana, ni de la historia general, que tiene en el cristianismo su centro. Si el historiador debe ser teólogo, el teólogo debe ser también historiador para poder dar cuenta del pasado de su Iglesia a quien le interrogue sobre él o pretenda falsearlo. La historia eclesiástica es una grande apología de la Iglesia y de sus dogmas, una prueba espléndida de su institución divina, de la belleza, siempre antigua y siempre nueva, de la Esposa de Cristo. Este estudio, cuando se profesa con gravedad y amor, transciende benéficamente a la ciencia y a la vida y la ilumina con sus resplandores[6].

Nuestro florecimiento teológico del siglo XVI, no superado por ninguna nación católica, no fue obstáculo para que en esta tierra naciese aquel varón inmortal que, aplicando a las antigüedades eclesiásticas los procedimientos con que le había familiarizado la filología clásica, inauguró el período crítico en la ciencia del Derecho Canónico, con sus diálogos De emendatione Gratiani. De la escuela que formó o alentó don Antonio Agustín, salieron los primeros colectores de nuestros concilios, cuyos trabajos se concentran en la colección de Loaysa (1593), los que prepararon, bajo los auspicios de Felipe II, la edición de San Isidoro (1599), los que comenzaron a ilustrar los anales de nuestras iglesias[7]. Ni el método, ni la severidad crítica, ni la erudición firme y sólida se echan de menos en las notas y correcciones del obispo de Segorbe don Juan Bautista Pérez, y en el insigne tratado de don Fernando de Mendoza, De confirmando concilio Illiberitano (1594), que por su carácter en cierto modo enciclopédico, puesto que trata de la mayor parte de la primitiva disciplina, muestra el punto de madurez a que habían llegado esos estudios, aprovechando todas las luces que entonces podían comunicarles la erudición sagrada y la profana. La vasta obra de las vidas de los Pontífices (1601-1602) compuesta por el dominico Alfonso Chacón (que fue también uno de los primeros exploradores de la Roma subterránea), apareció simultáneamente con los Anales de Baronio, y aunque hoy no sea de tan frecuente manejo, representa una notable contribución de la ciencia española a la historia eclesiástica general, como lo fueron también la Crónica de la Orden de San Benito, del padre Yepes (1609-1621), los Annales Cistercienses, de fray Ángel Manrique (1642-1659); la Historia general de la Orden de Santo Domingo, de fray Hernando del Castillo (1584-1592) y Fray Juan López (1613-1621), y la Crónica de la Orden de San Francisco, de fray Damián Cornejo, publicada en las postrimerías del siglo XVII (1682-1698) y continuada por fray Eusebio González de Torres, dentro del siglo XVIII[8].

Pero, en general, el esfuerzo de nuestros eruditos, siguiendo la senda trazada por Morales y Sandoval, se ejercitó principalmente en el campo de la historia patria, que era el primero que debíamos cultivar. Por desgracia, en la primera mitad del siglo XVII llenó este campo de cizaña una legión de osados falsarios, secundados por la credulidad y ligereza de los historiadores de reinos y ciudades. Hubo entonces un grande y positivo retroceso, que fácilmente se advierte (aun sin llegar a las monstruosidades del Martirologio, de Tamayo de Salazar, y de la Población eclesiástica y Soledad laureada, de Argaiz), comparando las producciones del siglo anterior con los débiles, aunque bien intencionados conatos de Gil González Dávila en sus Teatros eclesiásticos de varias diócesis de España e Indias, que apenas pasan de la modesta categoría de episcopologios.

Pero el espíritu crítico del siglo XVI no había muerto aunque parecía aletargado, ni esperó, como algunos creen, a la invasión de las ideas del siglo XVIII para dar nuevas muestras de su vitalidad[9]. Precisamente, a los infaustos días de Carlos II corresponden con estricto rigor cronológico, algunas de las obras más insignes de la erudición nacional: las Dissertationes ecclesiasticae del benedictino Pérez (1688), las innumerables del marqués de Mondéjar, la colección conciliar de Aguirre (1693), que todavía espera quien dignamente la refunda, expurgue y complete; las dos Bibliotecas de don Nicolás Antonio y su Censura de historias fabulosas.

No hubo, pues, verdadero renacimiento de los estudios históricos en tiempo de Felipe V, sino continuación de una escuela formada en el reinado anterior, con pleno conocimiento de lo que en Italia y Francia se trabajaba. Nicolás Antonio y el cardenal Aguirre pasaron buena parte de su vida en Roma, el marqués de Mondéjar estaba en correspondencia con Esteban Baluze y otros eruditos franceses.

Al siglo XVII pertenecen todavía, por su nacimiento y educación, Berganza, Salazar y Castro, Ferreras, principales cultivadores, en el reinado del primer Borbón, de la historia monástica, de la genealógica y de la universal de España, que desde los tiempos de Mariana no había vuelto a ser escrita en un solo libro. Nacen las Academias de Madrid, Barcelona, Sevilla y Valencia, obedeciendo al impulso que crea instituciones análogas en toda Europa, pero se nutren de savia castiza, al mismo tiempo que de erudición forastera, doctamente asimilada, sin prevención ni servilismo, con un tino y parsimonia que puede servirnos de ejemplo. Las fábulas introducidas en nuestros anales y hasta en el rezo de nuestras iglesias van quedando relegadas a los incultos libros de los eruditos de campanario. Triunfa la crítica no escéptica y demoledora, sino prudente y sabia, en los tratados de metodología historial del dominico fray Jacinto Segura (Norte crítico, 1736) y del marqués de Llió y sus colegas de la Academia barcelonesa (Observaciones sobre los principios de la Historia, 1756), en los artículos del Diario de los Literatos (1737) y en la Bibliographia critica sacra et prophana;del trinitario fray Miguel de San José (1740), un grande erudito injustamente olvidado. El padre Feijoo, aunque no cultivase de propósito la historia, difunde en forma popular y amena útiles reflexiones sobre ella, que debieron de ser fermenta cognitionis para un público en quien despertaba la curiosidad científica; e impugna con su cándido desenfado buen número de tradiciones populares y milagros supuestos.

La erudición es nota característica del siglo XVIII; el nervio de nuestra cultura allí está, no en los géneros literarios venidos a tanta postración en aquella centuria. Ningún tiempo presenta tal número de trabajadores desinteresados. Algunos de ellos sucumben bajo el peso de su obra, pero legan a su olvidadiza patria colecciones enormes de documentos, bibliotecas enteras de disertaciones y memorias, para que otros las exploten y logren, con mínima fatiga, crédito de historiadores. Sarmiento, Burriel, Velázquez, Floranes, Muñoz, Abad y La Sierra, Vargas Ponce y tantos otros, se resignan a ser escritores inéditos, sin que por eso se entibie su vocación en lo más mínimo. La documentación historial se recoge sobre el terreno, penetrando en los archivos más vírgenes y recónditos; los viajes de exploración científica se suceden desde el reinado de Fernando VI hasta el de Carlos IV; la Academia de la Historia centraliza el movimiento, y recoge y salva, con el concurso de todos, una gran parte de la riqueza diplomática y epigráfica de España.

Gracias a esta modesta y benemérita escuela, que no tenía brillantez de estilo ni miras sintéticas, pero sí cualidades que en historia valen mucho más, escrupulosa veracidad en el testimonio, sólido aparato de conocimientos previos, método práctico y seguro en las indagaciones, sensatez y cordura en los juicios, comenzaron a depurarse las fuentes narrativas y legales; fueron reimpresas con esmero algunas de nuestras crónicas; se formaron las primeras colecciones de fueros, cartas pueblas y cuadernos de Cortes, aunque por el momento permaneciesen manuscritas; avanzó el estudio de las instituciones hasta el punto de elaboración que revelan los libros de Martínez Marina; fundaron Capmany, Asso, Sempere, Larruga y fray Liciniano Sáez, nuestra historia industrial y económica; recorrieron Ponz y Llaguno, Jovellanos, Ceán y Bosarte, el campo de la arqueología artística; se constituyó científicamente la numismática en los trabajos de Velázquez, de Pérez Bayer y el maestre Flórez; la geografía antigua de España fue estudiada a la doble luz de los textos clásicos y de la epigrafía romana, dignamente representada por el conde de Lumiares; adivinó Hervás la filología comparada, adelantándose a Guillermo Humboldt, y Bastero la filología provenzal un siglo antes que Raynouard, y puso don Tomás Antonio Sánchez los cimientos de nuestra historia literaria, publicando por primera vez en Europa un cantar de gesta[10].

La historia eclesiástica llevó, como era de suponer, la parte mejor en este gran movimiento histórico, porque en torno de la Iglesia había girado durante siglos la vida nacional. Si quisiéramos cifrar en una obra y en un autor la actividad erudita de España durante el siglo XVIII, la obra representativa sería la España Sagrada, y el escritor fray Enrique Flórez, seguido a larga distancia por sus continuadores, sin exceptuar al que recibió su tradición más directamente. No ha producido la historiografía española monumento que pueda parangonearse con éste, salvo los Anales de Zurita, que, nacidos en otro siglo y en otras condiciones, son también admirable muestra de honrada y profunda investigación. Pero el carácter vasto y enciclopédico de la España Sagrada la deja fuera de toda comparación posible, sean cuales fueren las imperfecciones de detalle que seguramente tiene y la falta de un plan claro y metódico. No es una historia eclesiástica de España, pero sin ella no podría escribirse. No es tampoco una mera colección de documentos, aunque en ninguna parte se haya recogido tanto caudal de ellos sobre la Edad Media española: cronicones, vidas de santos, actas conciliares, diplomas, privilegios, escrituras, epitafios y antigüedades de todo género. Es también una serie de luminosas disertaciones que tocan los puntos más capitales y oscuros de nuestra liturgia, que resuelven arduas cuestiones geográficas, que fijan la fecha de importantes acontecimientos, que discuten la autenticidad de muchas fuentes y condenan otras al descrédito y al oprobio que debe acompañar a la obra de los falsarios. El mérito de estos discursos es tal, que dentro de nuestra erudición peninsular no tienen más rival que las Disertaciones del portugués Juan Pedro Ribeiro. Y aun éstas se contraen casi siempre a la ciencia diplomática, en que era maestro[11].

Para llevar a cabo su labor hercúlea, el padre Flórez, humilde religioso, que había pasado su juventud estudiando y enseñando teología escolástica hasta que descubrió su verdadera y definitiva vocación, tuvo que educarse a sí propio en todas las disciplinas históricas, improvisándose geógrafo, cronologista, epigrafista, numismático, paleógrafo, bibliógrafo, arqueólogo y hasta naturalista: no todo con igual perfección, pero en algunas ramas con verdadera eminencia. Su estilo es pedestre y llano como el de Muratori y el de casi todos los grandes eruditos de aquel siglo, pero compensa su falta de literatura con la serenidad de su juicio, la agudeza de su talento, la rectitud de su corazón sencillo y piadoso, que rebosaba de amor a la verdad y a la ciencia. La España Sagrada no fue sólo un gran libro, sino un gran ejemplo, una escuela práctica de crítica, audaz y respetuosa a un tiempo. El padre Flórez se adelantó a hacer con el criterio de la más pura ortodoxia, pero sin concesión ninguna al dolo pío ni a la indiscreta credulidad, aquella obra de depuración de nuestros fastos eclesiásticos, que a no ser por él se hubiera hecho más tarde con el espíritu de negación que hervía en las entrañas del siglo XVIII.

Este espíritu tuvo muy ligeras manifestaciones en España, pero la tendencia hipercrítica que ya se vislumbra en algunos escritos del gran polígrafo valenciano don Gregorio Mayans, el Néstor de las letras españolas de aquella centuria, y llega a su colmo en los últimos volúmenes de la Historia crítica de España, del jesuita Masdéu, se encarnizó con verdadera acrimonia en la censura de documentos de indisputable autenticidad y de sucesos que con ningún fundamento racional pueden negarse. Este pirronismo histórico no fue de gran consecuencia. Mucho peor la tuvo el espíritu cismontano que dominaba entre nuestros canonistas, y que iba mezclado en algunos con ideas políticas, no ensayadas todavía, y por tanto muy vagas, pero mal avenidas en el fondo con la constitución tradicional de nuestra monarquía. El viento de la revolución hizo germinar estas semillas, y hubo eruditos de mérito indisputable que la prestaron su concurso, no sin quebranto de la objetividad con que hasta entonces habían procedido. El Martínez Marina de la Teoría de las Cortes no parece siempre la misma persona que el autor del Ensayo histórico-crítico sobre la antigua legislación castellana. La imparcialidad que él no tuvo, menos habían de lograrla otros. El canónigo Villanueva puso su erudición al servicio del galicanismo, llegando hasta los límites del cisma; y el apóstata Llorente, convirtiendo la Historia en libelo, procuró halagar las peores pasiones de su tiempo.

Pero antes que la Historia se trocase en arma de controversia política, la escuela del siglo XVIII continuó dando excelentes frutos dentro del ambiente tibio y apacible que entonces se respiraba, y que era muy favorable (no hay que dudarlo) al desarrollo de vocaciones serias en aquellos estudios que piden tranquilidad de ánimo y hábitos metódicos de vida intelectual. De una sola Orden, y aun puede decirse que de un solo convento, salieron los discípulos del padre Flórez, que forman una verdadera escuela agustiniana. Mucho se debió también a los dominicos de Valencia, especialmente al padre Teixidor, cuyos trabajos están en su mayor parte inéditos[12], y a fray Jaime Villanueva, cuyo Viaje literario a las Iglesias de España, del cual hay ubicados veintidós volúmenes (el primero en 1803), es una cantera de noticias peregrinas y un suplemento indispensable de la España Sagrada. Otro muy valioso es el Teatro de las iglesias de Aragón, en nueve tomos (1770-1807), obra de dos capuchinos; pero el trabajo del continuador fray Ramón de Huesca lleva mucha ventaja al de fray Lamberto de Zaragoza, que la comenzó. Con la misma conciencia trabajaban los tres premonstratenses catalanes Caresmar, Pasqual y Martí, el gran romanista y arqueólogo Finistres, gloria de la Universidad de Cervera; su hermano el historiador de Poblet, el canónigo Dorca, autor de un libro de excelente crítica sobre los Santos de Gerona[13]. En Mallorca, el cisterciense padre Pascual dedicaba su vida entera a ilustrar la Historia de Raimundo Lulio y de su doctrina. Otros muchos hubo dignos de memoria, pero no pretendemos hacer catálogo de sus obras.

La protección oficial, enteramente necesaria en ciertos momentos, y menos peligrosa para la ciencia que para el arte literario, no faltó casi nunca a nuestros eruditos de la decimoctava centuria, que encontraron mecenas, a veces espléndidos, en el buen rey Fernando VI y su confesor el padre Rábago; en Carlos III y sus ministros Roda y Floridablanca; en el infante don Gabriel; en Campomanes, el más celoso de los directores de la Academia de la Historia[14]; en el diplomático Azara, fino estimador de letras y artes; en el cardenal Lorenzana, bajo cuyos auspicios se imprimieron con regia magnificencia las obras de los Padres Toledanos, el Misal y el Breviario góticos y la primera colección de concilios de América; y hasta en el Príncipe de la Paz, que, a pesar de sus cortas letras y el tortuoso origen de su privanza, tuvo el buen instinto de apoyar muchas iniciativas útiles que deben atenuar el fallo severo de la Historia sobre sus actos[15].

Una sombra hay en este cuadro: la expulsión de los jesuitas, que alejó de España a buen número de trabajadores formados en la escuela del padre Andrés Marcos Burriel, émulo de Flórez en la diligencia, superior en la amplitud de miras, coleccionista hercúleo y crítico sagaz, que se aplicó principalmente al estudio de nuestras fuentes canónicas y de nuestra legislación municipal. No alcanzó aquel grande e infortunado varón el extrañamiento de los suyos porque había sucumbido poco antes, víctima de la arbitrariedad oficial, que le arrancó el tesoro de sus papeles. Pero a Italia fueron y en Italia brillaron su hermano, el magistral biógrafo de Catalina Sforza; el padre Aymerich, elegante autor del episcopologio de Barcelona; los padres Maceda, Tolrá y Menchaca, autores de notables monografías; el padre Juan Andrés, que comprendió en el vasto cuadro de su enciclopedia literaria (Dell'origine, progressi ed stato attuale d'ogni letteratura) las ciencias eclesiásticas, que han tenido en él su único historiador español. Y para no citar otros muy conocidos, el padre Faustino Arévalo, que hizo ediciones verdaderamente clásicas de las obras de San Isidoro, de los poetas cristianos primitivos (Juvenco, Prudencio, Sedulio, Draconcio) y de la Himnodia hispanica, ilustrándolas con prolegómenos doctísimos que están al nivel de la mejor crítica de su tiempo y no desdicen del nuestro.

Gracias a estos proscritos y a algún otro español residente en Roma, comenzó a realizarse aquel plan de Historia eclesiástica que en 1747 trazaba en una elegante oración latina el auditor don Alfonso Clemente de Aróstegui, exhortando a sus compatriotas a la exploración de los archivos de la Ciudad Eterna[16].

Tienen los buenos trabajos de la erudición española del siglo XVIII no sólo esmero y conciencia, sino un carácter de continuidad en el esfuerzo, un impulso común y desinteresado, una imparcialidad u objetividad, como ahora se dice, que da firmeza a sus resultados y contrasta con el individualismo anárquico en que hemos caído después. Toda nuestra vida intelectual del siglo XIX adolece de esta confusión y desorden. El olvido o el frívolo menosprecio con que miramos nuestra antigua labor científica, es no sólo una ingratitud y una injusticia, sino un triste síntoma de que el hilo de la tradición se ha roto y que los españoles han perdido la conciencia de sí mismos. No llevaré el pesimismo hasta creer que esto haya acontecido en todas las ciencias históricas, únicas a que en este discurso me refiero. En algunas no ha habido decadencia, sino renovación y progreso. La historia literaria, especialmente la de los tiempos medios: la arqueología artística y la historia del arte, la historia de la legislación y de las instituciones, la geografía antigua de España, la epigrafía romana, la numismática ibérica, el cultivo de la lengua árabe, la historia política de algunos reinados, la particular de algunos pueblos y comarcas, la bibliografía y la paleografía, han contado y cuentan representantes ilustres, en quienes la calidad aventaja al número. En las monografías que se les deben está lo más granado de nuestra erudi-

ción moderna, más bien que en las historias generales de España que con vario éxito se han emprendido.
Pero otras ramas -del árbol histórico, que fueron las más frondosas en lo antiguo, parecen, durante la mayor parte del siglo XIX, mustias y secas. Ninguna tanto como la historia eclesiástica, cuya postración y abatimiento sería indicio suficiente, si tantos otros no tuviéramos, del triste punto a que ha llegado la conciencia religiosa de nuestro pueblo. Apenas puede citarse un libro de esta clase que en más de cincuenta años haya logrado traspasar los aledaños hispánicos y entrar en la corriente de la ciencia católica, a no ser la hermosa obra apologética de Balmes (El Protestantismo), que, más bien que a la historia propiamente dicha, pertenece a la filosofía de la historia. La guerra de la Independencia, dos o tres guerras civiles, varias revoluciones, una porción de reacciones, motines y pronunciamientos de menor cuantía, un desbarajuste político y económico que nos ha hecho irrisión de los extraños, el vandálico despojo y la dilapidación insensata de los bienes del clero, la ruina consiguiente de muchas fundaciones de enseñanza y beneficencia, la extinción de las Órdenes regulares al siniestro resplandor de las llamas que devoraban insignes monumentos artísticos, la destrucción o dispersión de archivos y bibliotecas enteras, el furor impío y suicida con que el liberalismo español se ha empeñado en hacer tabla rasa de la antigua España, bastan y sobran para explicar el fenómeno que lamentamos, sin que por eso dejemos de imputar a los tradicionalistas su parte de culpa.
De la enseñanza oficial poco hay que esperar en esta parte, porque su viciosa organización acaba por desalentar las vocaciones más fuertes. Al cuerpo universitario pertenecen o han pertenecido (dígase para gloria suya) la mayor parte de los investigadores de mérito que modernamente ha tenido España, pero casi todos se formaron solos y no sé si alguno ha llegado a crear escuela. Nuestros planes de estudio, comenzando por el de 1845, han sido copia servil de la legislación francesa, cuyo espíritu centralizador está ya abandonado por los franceses mismos. Entre nosotros semejante régimen, el más contrario a nuestra índole, resultó completamente estéril, y los males han ido agravándose de día en día y de remiendo en remiendo. El cultivo de las lenguas sabias, sin el cual no se concibe erudición sólida, está vergonzosamente abandonado, con pocas y por lo mismo más loables excepciones.

Limitándonos al caso presente, basta consignar escuetamente dos hechos. Ha desaparecido la única cátedra de Historia eclesiástica que en España existía; aunque poco más que nominalmente y agregada de mala manera al doctorado de la Facultad de Jurisprudencia. Poco se ha perdido en ello; pues ¿qué fruto podían sacar de tal enseñanza nuestros canonistas universitarios, que llegan a licenciados con un año de Instituciones y empiezan y acaban su carrera sin saber latín ni poder leer el más sencillo texto de las Decretales?

Mucho antes había desaparecido de nuestras universidades la Facultad de Teología, que gozaba de poco prestigio en los últimos tiempos, mirada con recelo por unos, con desdén por otros, con indiferencia por la mayor parte. Nadie la echó muy de menos, y nadie ha intentado seriamente su restauración, aun, que medios había para ello dentro del régimen concordado en que legalmente vivimos. De este modo nos hubiéramos evitado el oprobio de que España, la patria de Suárez y Melchor Cano, sea el único pueblo de Europa que ha expulsado la teología de sus universidades. Todos, católicos y protestantes, la conservan sin que este acatamiento rendido a la ciencia de las cosas divinas en centros de cultura abiertos a todo el mundo, se considere como signo de atraso en Alemania ni en Inglaterra ni en parte alguna. Entre nosotros la teología y el derecho canónico tienen hoy su único refugio en los seminarios episcopales, que, según la mente del concilio Tridentino[17], se establecieron más bien para la educación moral de los aspirantes al sacerdocio que para el cultivo de las letras sagradas, cuya verdadera palestra estaba entonces en las aulas universitarias y en los florecientes colegios de algunas Órdenes religiosas. La vida científica de los seminarios españoles puede decirse que no comienza hasta el reinado de Carlos III: algunos prelados doctos, celosos y espléndidos los organizaron como verdaderas casas de estudios en Barcelona, en Vich, en Murcia, en Córdoba, en Cuenca, en Osma, en Salamanca y en otras diócesis; los métodos y la disciplina pedagógica solían ser superiores a los de las decadentes universidades, pero por desgracia se infiltró en algunos de ellos cierto modernismo teológico como hoy diríamos, que los hizo sospechosos de tendencias galicanas, jansenistas y quizás más avanzadas. Todo aquello fue de efímera duración y corto influjo. En tiempos de Fernando VII apenas quedaba vestigio de ello, y el plan de estudios de 1824 reorganizó la enseñanza teológica con sentido netamente tomista.

Pasada la horrible convulsión de la guerra civil de los siete años y ajustado después de larguísimas negociaciones el concordato de 1851, comenzaron a reorganizarse nuestros seminarios, y es ciertamente notable lo que en algunos de ellos ha conseguido el celo de los prelados, luchando con la mayor penuria económica. Es claro que los estudios de teología dogmática y moral han debido prevalecer sobre otros cualesquiera, y nunca han faltado en nuestros cabildos varones de sólida y profunda doctrina que den testimonio de que todavía quedan teólogos y canonistas en España. Los escriturarios son más raros, porque la exégesis bíblica requiere una enciclopedia de conocimientos especiales, que es casi imposible adquirir en nuestra nación, donde es tan pobre el material bibliográfico moderno. Así y todo, las cátedras de griego y hebreo se van aumentando, y no pueden menos de dar algún fruto en época no lejana. En otros seminarios se han establecido cátedras de ciencias naturales, desempeñadas seriamente, y en algunos ha penetrado la arqueología artística, para cuya enseñanza práctica y teórica existen ya importantes museos diocesanos y buenos manuales.

La restauración de las Órdenes religiosas, trabajosamente lograda en el último tercio del siglo XIX, y combatida a cada momento por la intolerancia sectaria, ha proporcionado a España excelentes educadores y escritores en varios ramos del saber humano. Algunas de, las mejores revistas que hoy tenernos están redactadas exclusivamente por religiosos, y no es pequeña la contribución que han aportado a los congresos científicos más recientes. En general, puede decirse, sin nota de exageración, que la cultura de nuestro clero secular y regular no es inferior a la que suelen tener los laicos más aventajados en sus respectivas profesiones.

Pero todavía falta andar mucho camino, y las ciencias eclesiásticas no pueden menos de sentir los efectos de la languidez propia de todas las cosas en nuestro abatido país. Las traducciones y compilaciones son mucho más numerosas que las obras originales. Todavía no tenemos una historia general de la Iglesia escrita por autor español[18]. La del arzobispo de Palmira don Félix Amat, ya de remota fecha (2. ª edición, 1807), apenas pasa de ser un compendio de Natal Alejandro y Fleury, de cuyas ideas galicanas participaba. Por entonces se tradujeron y continuaron los Siglos cristianos de Ducreux, canónigo de Auxerre (1790, 2.ª edición, 1805-1808) y más adelante la Historia de la Iglesia de Receveur (1842-1848), la de Béraut-Bercastel, con adiciones del barón de Henrion (1852-1855), obras extensas, pero de segundo orden. Mucho más útiles han sido los excelentes manuales alemanes de Alzog, Hergenroether y Funk, traducidos sucesivamente por Puig y Esteve (1852), García Ayuso (1895) y el padre Ruiz Amado (1908); y el compendio latino de Berti, adicionado hasta nuestros días por el venerable y modesto fray Tirso López, de la Orden de San Agustín (1889). También fue traducida, a lo menos en parte, la obra enciclopédica de Rohrbacher, no exenta de tradicionalismo, y que, según el plan adoptado por el autor, engloba toda la historia universal en la historia eclesiástica. Finalmente, en el momento en que escribo, sale a luz el primer tomo de la bella obra de Mons. Duchesne sobre los primeros siglos cristianos, esmeradamente vertida a nuestra lengua por el padre Pedro Rodríguez, agustiniano.

Tampoco la historia particular de nuestra Iglesia ha sido escrita con la extensión y la crítica que los tiempos presentes reclaman. Líbreme Dios de regatear los méritos de la única obra de este género que en nuestra lengua se ha publicado[19]. Su autor, cuyo nombre vive en la memoria de todos los católicos españoles, y muy particularmente en la de los que fuimos discípulos o compañeros suyos, era un hombre de sincera piedad, de cristianas costumbres, que no impedían la franca expansión de su vigoroso gracejo y la libertad de sus opiniones en todo lo que lícitamente es opinable; de sólida ciencia canónica probada en la cátedra durante más de medio siglo; expositor claro y ameno; polemista agudo y temible, a veces intemperante y chocarrero por falta de gusto literario y hábitos de periodista no corregidos a tiempo, pero escritor sabroso y castizo en medio de su incorrecta precipitación; investigador constante y bien orientado, a quien sólo faltaba cierto escrúpulo de precisión y atildamiento; trabajador de primera mano en muchas materias históricas, que ilustró con importantes hallazgos; ligero a veces en sus juicios, pero pronto a rectificar siempre sus errores; propenso al escepticismo en las cosas antiguas, y a la excesiva credulidad en las modernas. Tal fue don Vicente de la Fuente, tipo simpático y original de estudiante español de otros tiempos. Alcanzó las postrimerías de nuestras viejas universidades, conservó viva su tradición y la recogió en un libro tan curioso como destartalado. Los servicios que la erudición le debe son muchos y de varia índole. Colaboró en la continuación de la España Sagrada. Fue casi el único español que en nuestros días sacó a luz un texto inédito de la Edad Media no perteneciente a las cosas de España: el importante poema de Rangerio Vita Anselmi Lucensis, que tanta parte contiene de la historia de San Gregorio VII y de la condesa Matilde. Ilustró con crítica muy original varios puntos de la historia jurídica de Aragón y de los orígenes tan oscuros y controvertidos de la monarquía pirenaica. Dedicó gran parte de su vida a la depuración del texto de las obras de Santa Teresa, haciendo ediciones muy superiores a todas las que antes se conocían e ilustrándolas con precisos documentos. Estos trabajos suyos, a pesar de los defectos que tienen, nacidos los más de una imperfecta o negligente paleografía y de haber dado demasiada importancia a las copias del siglo XVIII, marcan época en los estudios teresianos, hoy tan florecientes fuera de España.

La Fuente con más severa disciplina, con más surtido arsenal bibliográfico, con el conocimiento que le faltaba de la moderna erudición y con un poco más de gravedad y sosiego en el estilo, hubiera podido ser nuestro historiador eclesiástico. Tenía para ello notables condiciones, especialmente un amor puro y sincero a la verdad y un grande arrojo para proclamarla, aunque tropezase con preocupaciones arraigadas, aunque se granjease enemigos dentro de su propio campo. A semejanza de aquellos antiguos eruditos que fueron martillo y terror de los falsarios, embiste sin reparo alguno contra todo género de patrañas. La obra críticamente demoledora que comienza en Mondéjar y Nicolás Antonio, continúa en la España Sagrada, y termina con cierto matiz volteriano en la deliciosa Historia de los falsos cronicones, de Godoy y Alcántara, tuvo en don Vicente un colaborador insigne, que por otra parte supo mantenerse dentro de los amplios límites que la Iglesia otorga a estas discusiones.

Si se prescinde del estilo, que muchas veces es vulgar e inadecuado a la materia, hay capítulos excelentes en la Historia eclesiástica de España, sobre todo en la parte consagrada a la Edad Media. El autor acude casi siempre a las fuentes, se muestra familiarizado con los archivos, y a veces da a conocer documentos nuevos, cosa muy rara en los autores de compendios. Por lo demás, la España Sagrada fue su principal guía, como lo será de todo trabajo futuro sobre la misma materia, pero no es pequeño mérito haber ordenado y sistematizado las noticias de carácter general que allí se encuentran esparcidas, haber aprovechado su caudalosa documentación sin perderse en aquella selva. Los dos tomos que versan sobre los tiempos modernos son sumamente endebles y parecen improvisados en fondo y forma.

El Principal defecto de la obra de La Fuente consiste en ser demasiado elemental. Cuando apareció por primera vez en 1855, tenía el modesto carácter de adiciones al Manual de Alzog, y aunque en la refundición publicada de 1873 a 1875, el trabajo de nuestro profesor campea independiente, y llena seis volúmenes en vez de los tres primitivos, todavía resulta insuficiente como historia, aunque tenga buenas proporciones como compendio. Algo semejante hay que decir de la obra alemana del sabio benedictino padre Bonifacio Gams, Die Kirchengeschichte von Spanien (Ratisbona 1876-1879), excelente historiador, de la mejor escuela, discípulo y biógrafo de Moelher. La obra del padre Gams, a quien tanto por ella como por su Series episcoporum (1873) debemos especial gratitud los españoles, aventaja a la de La Fuente en todos los puntos de nuestra historia que se relacionan con la general de la Iglesia y con las fuentes universales del derecho canónico y de la literatura patrística, pero el contenido peculiarmente español es más rico en nuestro compatriota, y más clara la comprensión del espíritu nacional, a que un extranjero difícilmente llega por docto y bien informado que sea. Tienen, pues, las dos historias sus méritos particulares y no pueden sustituirse la una por la otra. El gran valor de la de Gams consiste en haber aprovechado para beneficio de los anales de nuestra Iglesia el riquísimo caudal de la literatura teológica alemana.

Me duele tener que mencionar, aunque sea en último término, L'Espagne Chrétienne, del benedictino francés Dom Leclercq (1906), que alcanza hasta el fin de la época visigótica. Pero como en España cualquier librejo escrito en francés pasa por un quinto evangelio (sin que en esto haya diferencia entre los literatos modernistas y los devotos de buen tono), creo necesario prevenir a los lectores incautos contra la ligereza y superficialidad del manualito de Dom Leclercq, que no sólo carece de valor científico, sino que está inspirado por un odio profundo contra las tradiciones de la Iglesia española y aun contra el genio y carácter de nuestro pueblo. Páginas hay tan sañudas y atroces, que sólo en Buckle, en Draper o en otros positivistas, denigradores sistemáticos de España, pueden encontrar alguna que las supere. Pero quizá en esto ha tenido más parte la desidia que la malevolencia. Increíble parece que un sacerdote católico, y benedictino por añadidura, llegue a plagiar servilmente párrafos enteros de una de esas pedantescas sociologías o psicologías de los pueblos que publica el editor Alcan[20]. Cosa muy distinta hubiéramos esperado de un erudito liturgista que conoce los buenos métodos y es autor de importantes trabajos sobre el África cristiana y otras materias. No es esto decir que falten en su libro algunos capítulos interesantes, aunque sin originalidad alguna, por ejemplo, el de Prisciliano. Dom Leclercq se muestra al tanto de las principales investigaciones de estos últimos años, y no discurre mal cuando la pasión no le ciega. Pero no se puede escribir bien de lo que en el fondo del alma se desprecia, y éste parece ser el caso de Dom Leclercq respecto de la España antigua y moderna.

Cuando en 1880 comencé a publicar el imperfecto ensayo que hoy refundo, el doctor La Fuente, que como censor eclesiástico hubo de examinarle, sostenía casi solo el peso de la controversia católica en el terreno histórico, con bríos que no amenguó el peso de los años ni el de la contradicción que su genial desenfado solía encontrar donde menos debiera. Pero ya empezaba a formarse una nueva generación de trabajadores, que con método más severo y más inmediato contacto de la erudición que en otras partes florecía, daban en forma monográfica contribuciones y rectificaciones de valor a nuestra historia eclesiástica. Al frente de ellos hay que colocar, hasta por orden cronológico, al padre Fidel Pita, cuyo nombre es legión, conocido como insigne epigrafista desde 1866, en que ilustró las inscripciones del ara de Diana en León; como investigador de las memorias de la Edad Media desde 1872, en que apareció su bello libro Los Reys d'Aragó i la Seu de Girona. Desde aquella fecha, y sobre todo después de su ingreso en la Academia de la Historia (1879), la actividad del doctor jesuita ha llegado a términos apenas creíbles. El Boletín de la corporación le debe gran parte de su contenido, y, prescindiendo en sus notorios méritos como arqueólogo, es, sin disputa, el español de nuestros días que ha publicado mayor número de documentos de la Edad Media enlazados con nuestra historia canónica y litúrgica y con la vida exterior e interior de nuestras iglesias. En esta parte, su esfuerzo no ha tenido igual después de la España Sagrada. No sólo con este preclaro varón, que todavía in senectute bona continúa incansable su labor, sino con otros dignísimos de alabanza ha contribuido la Compañía de Jesús al progreso de los estudios históricos en nuestra patria, como lo evidencian la edición de las Cartas de San Ignacio, los Monumenta Societatis Iesu, la Historia del primer siglo de la Compañía, del padre Astráin, y el monumento bibliográfico del padre Uriarte, que, cuando sea íntegramente conocido, eclipsará a los hermanos Backer, a Sommervogel y a todos los que se han ejercitado en el mismo tema.

Otros institutos religiosos han renovado dignamente sus tradiciones de cultura histórica. Antes que nadie los agustinos, que están obligados a mucho por el recuerdo del padre Flórez. El saludable impulso que en todas las disciplinas intelectuales manifiestan la Revista Agustiniana y La Ciudad de Dios, donde se han publicado muy buenos artículos de crítica y de erudición, encontrará digno empleo en la Biblioteca Escurialense, que está hoy confiada a su custodia, y prenda de ello es ya el primer volumen del catálogo de los códices latinos de aquel insigne depósito, que en estos días sale de las prensas por diligencia de su bibliotecario fray Guillermo Antolín. Con él se reanuda, para bien y honra de España, un género de publicaciones sabias, que parecía interrumpido desde los días de Pérez Bayer, Casiri y don Juan de Iriarte.

Los benedictinos franceses de la escuela de Solesmes, venidos en buena hora a nuestro suelo, han contribuido a nuestro movimiento histórico, no sólo con excelentes trabajos propios, como la historia y cartulario del monasterio de Silos, de Dom Férotin, sino educando en la ciencia diplomática a varios monjes españoles que han comenzado la publicación de las Fuentes de la historia de Castilla, empresa muy propia de quienes visten la misma cogulla que el padre Berganza. En la gloriosa Orden de Santo Domingo predominan, como es natural, los estudios de teología y filosofía escolástica sobre los históricos, pero también éstos tienen aventajada representación en fray Justo Cuervo, que nos ha dado la mejor edición de las obras de fray Luis de Granada y prepara un libro, acaso definitivo, sobre el proceso del arzobispo Carranza. Otros nombres podrían citarse aquí de franciscanos y carmelitas y de otras congregaciones regulares, pero no pretendo improvisar un catálogo que necesariamente sería incompleto. Ocasión habrá, en el curso de esta obra, de mencionar a todos o la mayor parte de ellos.

Honrosa ha sido también la colaboración del clero secular en esta especie de novísimo renacimiento que saludamos con júbilo. El canónigo de Santiago don Antonio López Ferreiro, por cuya reciente pérdida viste duelo la ciencia patria, renovó por completo la historia eclesiástica y civil de Galicia durante la Edad Media, en una serie de libros que todavía no han sido bien estudiados ni han producido todos los frutos que debieran (Historia de la Iglesia Compostelana, Fueros municipales de Santiago y su tierra, Galicia en el último tercio del siglo XV...). López Ferreiro era un modelo de investigadores, a quien sólo perjudicaba una excesiva tendencia apologética respecto de las tradiciones de su Iglesia. Su primera monografía, Estudios críticos sobre el priscilianismo (1879), ha quedado anticuada como todo lo que se escribió sobre el célebre heresiarca antes de los descubrimientos de Schepss; pero ya en aquel juvenil ensayo se ve el criterio luminoso y sagaz del preclaro varón que llevaba de frente la historia religiosa y social de su país. Honra son también de nuestros cabildos don Roque Chabás, que ha organizado admirablemente el archivo de la catedral de Valencia y no cesa de ilustrar los anales de aquel antiguo reino con sabias publicaciones relativas no sólo a la historia eclesiástica, sino a la jurídica y literaria; don Mariano Arigita, canónigo de Pamplona, que ha escrito con suma diligencia la biografía del gran canonista Martín de Azpilcueta y las de otros navarros ilustres... Pero quiero detenerme en esta enumeración, para no incurrir en omisiones que yo deploraría más que nadie.

Los pocos nombres que he citado bastan para probar que el aspecto de la ciencia eclesiástica española es hoy muy diverso de lo que era en 1880, aunque no sea ni con mucho el que nuestro ardor patriótico desearía. Mi libro reaparece en condiciones más favorables que entonces, no sólo porque encuentra un público mejor preparado y más atento a las cuestiones históricas, sino porque su propio autor algo ha aprendido y adelantado durante el curso de una vida estudiosa que toca ya en las fronteras de la vejez. Aprovechemos, pues, este crepúsculo para corregir la obra de los alegres días juveniles, y corregirla con entrañas de padre, pero sin la indulgencia que a los padres suele cegar. No se diga por mí bis patriae cecidere manus. Nada envejece tan pronto como un libro de historia. Es triste verdad, pero hay que confesarlo. El que sueñe con dar ilimitada permanencia a sus obras y guste de las noticias y juicios estereotipados para siempre, hará bien en dedicarse a cualquier otro género de literatura, y no a éste tan penoso, en que cada día trae una rectificación o un nuevo documento. La materia histórica es flotante y móvil de suyo, y el historiador debe resignarse a ser un estudiante perpetuo y a perseguir la verdad dondequiera que pueda encontrar resquicio de ella, sin que le detenga el temor de pasar por inconsecuente. No lo será en los principios, si en él están bien arraigados; no lo será en las leyes generales de la historia, ni en el criterio filosófico con que juzgue los sistemas y las ideas, ni en el juicio moral que pronuncie sobre los actos humanos. Pero en la depuración de los hechos está obligado a serlo, y en la historia eclesiástica con más rigor que en otra ninguna, por lo mismo que su materia es altísima y nada hay en ella pequeño ni indiferente. La historia eclesiástica se escribe para edificación y no para escándalo, y el escándalo no nace de la divulgación de la verdad, por dura que sea, cuando se expone con cristiana intención y decoroso estilo, sino de la ocultación o disimulación, que está a dos dedos de la mentira. Afortunadamente, todos los grandes historiadores católicos nos han dado admirables ejemplos que pueden tranquilizar la conciencia del más escrupuloso, y no es nuestra literatura la que menos abunda en maestros de varonil entereza.

Modestamente procuré seguir sus huellas en la primera edición de esta historia, cuyo éxito, que superó a mis esperanzas, debo atribuir tan sólo a la resolución que formé y cumplí de trabajar sobre las fuentes, teniendo en cuenta las heterodoxas, y muy especialmente la literatura protestante, apenas manejada por nuestros antiguos eruditos. Hoy reconozco en aquella obra muchos defectos nacidos de mi corto saber y de la ligereza juvenil con que me arrojé a un empeño muy superior a mis fuerzas, pero no me arrepiento de haberla escrito, porque fue un libro de buena fe, pensado con sincera convicción, en que recogí buen número de noticias, que entonces eran nuevas, y ensanché cuanto pude, dentro de mis humildes facultades, los límites del asunto, escribiendo por primera vez un capítulo entero de nuestra historia eclesiástica, no de los más importantes, sin duda, pero que se relaciona con casi todos y es de los más arduos y difíciles de tratar. Del plan no estoy descontento ahora mismo y le conservo con poca alteración. Alguien ha dicho, en son de censura, que la HISTORIA DE LOS HETERODOXOS era una serie de monografías. Nada perdería con eso si ellas fuesen buenas. En forma de monografías están escritas las Memorias de Tillemont, y no dejan de ser uno de los más sólidos y permanentes trabajos que la erudición antigua produjo. Pero sin evocar el recuerdo de obra tan insigne, ya advertirá el lector que en mi plan las monografías de los heresiarcas están ordenadas de modo que no sólo se compenetren y den luz unas a otras, sino que formen un organismo histórico sometido a un pensamiento fundamental, en que no insisto porque está expuesto con bastante claridad en el prólogo de la primera edición, que se leerá después del presente. Este pensamiento es la raíz de la obra, y va contenido en las palabras del Apóstol que la sirven de epígrafe. Entendida de este modo, la HISTORIA DE LOS HETERODOXOS viene a constituir una historia peculiar y contradictoria dentro de la historia de España; es, por decirlo así, la historia de España vuelta del revés. Su contenido es fragmentario y heterogéneo, pero no carece de cierta unidad sintética, que se va viendo más clara conforme la narración avanza y llega a su punto culminante en el siglo XVI, que es el centro de esta Historia, como de cualquier otra que con criterio español se escriba.

Si en el plan no he innovado nada sustancial, no puedo decir lo mismo en cuanto al desarrollo; pues apenas se hallará pagina que no lleve algunas variantes, y son innumerables las que han sido completamente refundidas o vueltas a escribir. Introduzco capítulos de todo punto nuevos, y en casi todos los de la edición anterior añado párrafos y secciones que no existían o estaban muy poco desarrollados, y aumento, sin compasión, el número de notas y apéndices. A todo esto y mucho más me obliga el prodigioso movimiento histórico de la época actual, que en España es tan difícil seguir, por lo cual me resigno de antemano a que esta labor mía, obra al fin de un autodidacto y de un solitario, resulte en algunos puntos manca e imperfecta, a pesar de todos mis esfuerzos.

Desde que Jorge Schepss descubrió en la biblioteca de Würzburg y publicó en 1889 once tratados de Prisciliano, ha brotado de las escuelas teológicas de Alemania, y aun de otros países, una copiosa literatura priscilianista en forma de tesis, artículos de revistas, libros de controversia y publicaciones de textos. Gracias a Künstle y a otros, nuestra patrología de los siglos IV y V, que parecía tan exigua, empieza a poblarse de libros; unos, enteramente inéditos; otros, que andaban anónimos y dispersos en las colecciones de escritores eclesiásticos, sin que nadie sospechase su origen español. No sólo la herejía de Prisciliano, sino otros puntos más importantes relativos a la tradición dogmática, a la disciplina y la liturgia de nuestra primitiva Iglesia, han recibido nueva luz con el inesperado auxilio de estos hallazgos.

En cuanto a la historia de los suevos y de los visigodos, cuya restauración crítica comienza en Félix Dahn, basta recordar que en los Monumenta Germaniae historica hizo Mommsen la edición de los cronicones y Zeumer la de las fuentes legales, con todo el prestigio y autoridad que acompaña a tales nombres. En esta parte, por fortuna no ha sido pequeña la colaboración de la ciencia indígena, como lo prueban las excelentes obras de Pérez Pujol, Fernández-Guerra, Hinojosa y Ureña.

Otro tanto puede decirse de los arabistas, que forman uno de los grupos más activos de la erudición española, aunque no tan numeroso como debiera. Sus trabajos, especialmente la sabia y piadosa Historia de los mozárabes, de Simonet, cuya publicación se había retardado tanto, son indispensables para el conocimiento de las relaciones religiosas entre la raza invasora y el pueblo conquistado.

La escuela de traductores de Toledo, punto de conjunción entre la ciencia oriental y la de las escuelas cristianas, ha sido doctísimamente ilustrada, no sólo en las obras ya antiguas de Wüstenfeld y el doctor Leclerc, sino en el libro capital de Steinschneider sobre las traducciones hebreas de la Edad Media y sobre los judíos considerados como intérpretes (1898), en el de Guttmann sobre la Escolástica del siglo XIII en sus relaciones con la literatura judía (1902) y en las numerosas monografías que sobre los escritos filosóficos del arcediano Gundisalvo o Gundisalino han compuesto Hauréau (1879), Alberto Loewenthal (1890), J. A. Endres (1890), Pablo Correns (1891), Jorge Bulow (1897), C. Baeumker (1898), Luis Baur (1903) y otros colaboradores de la sabia publicación que aparece en Münster con el titulo de Beiträge zur Geschichte der Philosophie et Mittelalters, a la cual debemos, entre otros grandes servicios, el texto íntegro del Fons Vitae, de Avicebrón. Cuando en 1880 publiqué el Liber de processione, apenas sonaba en la historia de la filosofía el nombre de Gundisalvo, que hoy resulta autor del famoso Liber de unitate, uno de los que más influyeron en la gran crisis escolástica del siglo XII.

Las extensas y eruditas monografías de Hauréau y Litiré sobre Arnaldo de Vilanova y Raimundo Lulio, publicadas, respectivamente, en los tomos XXVIII y XXIX de la Histoire Littéraire de la France (1881 y 1885), volvieron a llamar la atención de los doctos sobre estas dos grandes figuras, que personifican la vida intelectual de Cataluña en la Edad Media. Acerca de la vida del célebre médico de los reyes de Aragón y de Sicilia, que ya en 1879 tuve la fortuna de ilustrar con documentos importantes y nuevos, ha añadido muchos el profesor de Friburgo Enrique Finke, primero en su libro sobre Bonifacio VIII (1902), después en sus Acta Aragonensia. Otros muy importantes han descubierto don Roque Chabás y mi fraternal amigo don Antonio Rubió y Lluch, digno catedrático de la Universidad de Barcelona. Y a la hora presente, en la revista Estudis universitaris catalans, ha comenzado a aparecer el cartulario de cuantos documentos impresos o inéditos se conocen relativos a Arnaldo. Son varias las tesis de estos últimos años en que se le estudia no sólo como médico (verbigracia en los de E. Lalande y de Marcos Haven, 1896), sino como político y teólogo laico (en la de Pablo Diepgen, 1909).

El renacimiento vigoroso de la historiografía catalana ha ayudado en gran manera así a la depuración de la biografía de Arnaldo como al desarrollo de los estudios lulianos, que, casi interrumpidos desde el siglo XVIII, sin más excepción importante que la de don Jerónimo Roselló, han vuelto a florecer en Mallorca con espíritu verdaderamente crítico, como lo manifiesta la preciosa colección de los textos originales del Doctor Iluminado, en cuyo estudio y recolección tuvo tanta parte mi malogrado condiscípulo don Mateo Obrador y Bennasar.

En suma, apenas hay asunto de los que se tratan en el primer tomo de mis HETERODOXOS primitivos que no haya sido enteramente renovado por el trabajo de estos últimos años; lo mismo la herejía de los albigenses de Provenza y de sus adeptos catalanes que las sectas místicas de origen italiano o alemán, que tuvieron también prosélitos en nuestro suelo.

La historia de la Inquisición, tan estrechamente enlazada con la de las herejías, ha sido escrita con vasta y sólida información, y con cierta objetividad, a lo menos aparente, por el norteamericano Enrique Carlos Lea, en varios libros que deben tenerse por fundamentales en esta materia hasta que vengan otros que los refuten o mejoren. En la parte documental representan un grande adelanto; pero para penetrar en el espíritu y procedimientos de aquella institución, urge publicar el mayor número de procesos originales, ya que son relativamente pocos los que han llegado a nuestros días. Así lo ha comprendido el padre Fita, dando a conocer en el Boletín de la Real Academia de la Historia los más importantes documentos de la Inquisición castellana del tiempo de los Reyes Católicos. Así también el doctor Ernesto Schaeffer, de la Universidad de Rostock, a quien debemos no sólo un amplio extracto de los procesos formados a los luteranos de Valladolid en tiempo de Felipe II, sino un comentario verdaderamente científico y desinteresado, en que el autor, aunque protestante, llega a conclusiones que ningún historiador católico rechazaría.

Siguiendo paso a paso el índice de mi libro, podría apuntar aquí todo lo que de nuevo hemos aprendido en estos años sobre erasmistas y protestantes, iluminados y hechiceros, judaizantes y moriscos, jansenistas, enciclopedistas y aun sobre las luchas religiosas de nuestros días. Pero esta recapitulación, además de ser en alto grado fastidiosa, sería inútil, puesto que van en el texto las oportunas indicaciones bibliográficas, que he procurado hacer lo más exactas y completas que he podido, remediando en esto, como en lo restante, las faltas de la primera edición.

Ante este cúmulo de materia nueva, que me obliga a tantas adiciones y rectificaciones, quizá me hubiera sido más fácil escribir una segunda HISTORIA que refundir la antigua. Pero nadie, y menos quien se despidió hace tiempo de la juventud, puede hacer largos cálculos sobre la duración de la vida, y la que Dios fuere servido de concederme, pienso emplearla en otros proyectos literarios de ejecución menos ingrata. He adoptado, pues, un término medio cuyos inconvenientes no se me ocultan, pero que era acaso el único posible. He conservado del antiguo texto cuanto me ha parecido aprovechable, corrigiendo en el texto mismo, sin advertirlo al pie, todos los errores materiales que he notado de fechas, nombres y detalles históricos de cualquier género.

He revisado escrupulosamente todas las citas, compulsándolas con los originales, y reduciendo las de la misma obra a una sola edición, que he procurado que sea la mejor, o que por lo menos pueda citarse sin peligro de falsas lecciones. La descripción bibliográfica de cada libro se hará, por regla general, la primera vez que se le mencione. En las obras que todo el mundo conoce y que son fuentes generales del derecho canónico y de la historia eclesiástica, la indicación será muy sucinta, pero precisa y exacta.

Las adiciones se intercalarán en el texto, siempre que no quebranten su economía ni puedan engendrar confusión. Pero cuando sean tantas y tales que den un nuevo aspecto de los hechos, como sucede en la herejía de Prisciliano, se pondrán a continuación del capítulo antiguo (depurado y corregido de las faltas que ya lo eran en 1880), para que de este modo pueda cotejarse lo que la investigación histórica había logrado hasta aquella fecha y lo que ha descubierto después.

Las rectificaciones de materia grave, en que el autor corrige o atenúa, por virtud de nuevos estudios, algunos juicios de personas y acontecimientos, serán tratadas en notas especiales. Ni quiero ocultar mi parecer antiguo, ni dar por infalible el moderno, sin que me arredre el pueril temor, indigno de la Historia, de aparecer en contradicción conmigo mismo.

He retocado ligeramente el estilo, borrando muchos rasgos que hoy me parecen de mal gusto y de candidez infantil; muchas incorrecciones gramaticales y otros defectos que hubieran saltado a la vista del leyente más benévolo y que sólo tenían disculpa en los pocos años del autor. Esta operación, aunque extensa, no ha sido muy intensa, por no querer privar al libro de uno de los pocos méritos que puede tener, es decir, de la espontaneidad y frescura que a falta de otras condiciones suele haber en los frutos primerizos del ingenio. Por lo mismo que no se escribe de igual suerte a los veinte años que a los cincuenta, el falsificar su propia obra me ha parecido siempre fútil tarea de puristas académicos, que no vale el trabajo que cuesta, y arguye una desmedida satisfacción de sí propio. Para mí, el mejor estilo es el que menos lo parece, y cada día pienso escribir con más sencillez; pero en mi juventud no pude menos de pagar algún tributo a la prosa oratoria y enfática que entonces predominaba. Páginas hay en este libro que me hacen sonreír, y, sin embargo, las he dejado intactas porque el libro tiene su fecha y yo distaba mucho de haber llegado a la manera literaria que hoy prefiero, aunque ya me encaminase a ella. Por eso, es tan desigual la prosa de los HETERODOXOS, y fluctúa entre dos opuestos escollos: la sequedad y la redundancia.

Otro defecto tiene, sobre todo en el último tomo, y es la excesiva acrimonia e intemperancia de expresión con que se califican ciertas tendencias o se juzga de algunos hombres. No necesito protestar que en nada de esto me movía un sentimiento hostil a tales personas. La mayor parte no me eran conocidas más que por sus hechos y por las doctrinas expuestas en sus libros o en su enseñanza. De casi todos pienso hoy lo mismo que pensaba entonces; pero, si ahora escribiese sobre el mismo tema, lo haría con más templanza y sosiego, aspirando a la serena elevación propia de la historia, aunque sea contemporánea, y que mal podía esperarse de un mozo de veintitrés años, apasionado e inexperto, contagiado por el ambiente de la polémica y no bastante dueño de su pensamiento ni de su palabra. Hasta por razones estéticas hubiera querido dar otro sesgo a los últimos capítulos de mi obra, pero he creído que no tenía derecho para hacerlo. Tenía, en cambio, y creo haberla cumplido en ésta como en las demás partes de mi HISTORIA, la obligación de conciencia de enmendar toda noticia equivocada, porque la misma justicia se debe a los modernos y a los antiguos, a los vivos y a los muertos. Cuando rectifico o atenúo algún juicio, lo hago en nota. En el texto borro únicamente las expresiones que hoy me parecen insolentes, duras y crueles, porque sería de mal ejemplo y hasta de mal tono el conservarlas. Por supuesto que no tengo por tales ciertas inofensivas y lícitas burlas que, aun consideradas literariamente, no me parecen lo peor que el libro contiene.

Esta segunda edición termina donde terminaba la antigua, es decir, en 1876, fecha de la Constitución que ha creado el actual estado de derecho en cuanto a la tolerancia religiosa. Sólo en alguna que otra nota me refiero a sucesos posteriores, para completar alguna narración o la biografía de algún personaje. De lo demás, otros escribirán, y no les envidio tan triste y estéril materia.

Reimpresa con estas correcciones y aditamentos la HISTORIA DE LOS HETERODOXOS ESPAÑOLES, dejará de ser un libro raro, pero acaso llegue a ser un libro útil.

Santander, julio de 1910.

DISCURSO PRELIMINAR DE LA PRIMERA EDICIÓN[21]

Al comenzar el siglo XIX era generalmente desconocida la historia de las doctrinas heterodoxas desarrolladas en nuestro suelo. Teníase noticia de las más antiguas por la incomparable España Sagrada: el catalán Girves había recogido en una curiosa disertación todos los datos conocidos entonces sobre el priscilianismo; en otra memoria había hecho el padre Maceda la apología de Hosio; el alemán Walchio había escrito la historia del adopcionismo; pero impresas estas monografías, ya en Italia, ya en Alemania, no circularon bastante en nuestra Península. Algún diligente escritor había tropezado con ciertas especies relativas a Claudio de Turín, a Arnaldo de Vilanova, a Pedro de Osma o a los alumbrados de Toledo, Extremadura y Sevilla; pero la generalidad de nuestros doctos se atenía a lo que de tales materias dicen la Historia literaria de Francia, la Biblioteca de don Nicolás Antonio, el Directorium de Eyrnerich, la grande obra De haeresibus, de fray Alfonso de Castro; la Summa Conciliorum de Carranza, la Biblioteca de los colegios mayores de Rezábal, los Anales de Plasencia, de fray Alonso Fernández, y algún otro libro donde brevemente y por incidencia se discurre de ciertos herejes. Duraba aún el rumor del escándalo producido en los siglos XVII y XVIII por la Guía espiritual de Miguel de Molinos. El jansenismo estaba de igual modo harto próximo para que su historia se olvidase, aunque nadie había pensado en escribirla con relación a nuestra tierra[22].

Por lo que toca a los protestantes españoles de la centuria XVI, conservábanse muy escasas y dispersas indicaciones. Algo había trabajado para su historia literaria el bibliotecario Pellicer en los artículos Francisco de Enzinas, Casiodoro de Reina, Cyprian de Valera, y algún otro de su comenzado y no concluido Ensayo de una biblioteca de traductores, que apareció en 1778. Mas, en general, ni los libros de heterodoxos españoles, casi todos de peregrina rareza, habían caído en manos de nuestros eruditos, gracias a las bien motivadas persecuciones y rigores ejercidos al tiempo de su aparición por el Santo Oficio, ni era muy conocida la historia externa (digámoslo así) de aquellos abortados intentos. Hablábase de Juan de Valdés como por tradición oscura, y cuando Mayans imprimió el Diálogo de la lengua (titulándose de las lenguas), no pudo o no quiso revelar el nombre del autor. Otro erudito, de los más beneméritos y respetables del siglo XVIII, Cerdá y Rico, dábase por satisfecho, al tratar del doctor Constantino de la Fuente, con repetir el breve artículo, todo de referencias, que le dedicó Nicolás Antonio. Latassa, en la Biblioteca Aragonesa, hablaba de Servet, confesando no haber podido examinar sus libros. Los Índices expurgatorios habían logrado, si no el exterminio, a lo menos la desaparición súbita de nuestro suelo del mayor número de tales volúmenes, que, por otra parte, ni en España ni fuera de ella despertaban grande interés a fines del siglo XVIII. No porque algunos fervorosos protestantes alemanes y holandeses dejasen de encarecer la conveniencia del estudio de esos libros y la necesidad de escribir una historia de sus doctrinas en España, sino porque a tales exhortaciones respondía la general indiferencia, ya entibiado el ardor con que eran miradas las cuestiones teológicas en el siglo XVI. Así es que apenas se sabía en el extranjero de nuestros luteranos, calvinistas y unitarios otra cosa que lo poco que puede hallarse en el Dictionnaire historique de Pedro Bayle, en la Bibliotheca Antitrinitariorum de Juan Christ. Sand, en el Martyrologio de Geddes, en la disertación De vestigiis Lutheranismi in Hispania de Büschnig (Gottinga 1755), y en algún otro libro de autores de allende. Sin embargo, de Servet habían escrito en alemán y en latín Mosheim y Allwoerden notables biografías. De Enzinas (Dryander) dijeron algo Strobel y Próspero Marchand. Aun siendo tanta la rareza de los documentos, se había despertado en muchos, ora con buenas, ora con mal trazadas intenciones (según que los guiaba el celo de la verdad, la curiosidad erudita, el espíritu de secta o el anhelo de perversas innovaciones), el deseo de profundizar en materia tan peregrina y apartada de la común noticia, puesto que no eran bastantes a satisfacer la curiosidad los datos de Gonzalo de Illescas en su Historia pontifical y católica, ni menos los de Luis Cabrera en la de Felipe II. De pronto creyóse que iba a derramar copiosa luz sobre éste y otros puntos no menos enmarañados y oscuros, la publicación de una historia del Santo Oficio, formada con documentos de sus archivos, por un secretario del célebre tribunal (personaje digno, en verdad, de un buen capítulo en la futura historia de los heterodoxos españoles). Y, en efecto, don Juan Antonio Llorente, en su Historia crítica de la Inquisición, publicada en lengua francesa en 1818, y por primera vez trasladada al castellano en 1822, dio, aunque en forma árida e indigesta, sin arte alguno de estilo, con crítica pobre, sin citar casi nunca, y esto de un modo parcial e incompleto, las fuentes, y escribiendo de memoria con harta frecuencia noticias curiosas de los procesos y prisiones de varios heterodoxos penados por el Tribunal de la Fe. A ellas deben agregarse las pocas que en 1811 había vulgarizado desde Cádiz el filólogo catalán don Antonio Puig y Blanch (Puigblanch), en su libro La Inquisición sin mascara, impreso con el seudónimo de Natanael Jomtob y traducido en 1816 al inglés por William Walton. Pero ni Llorente ni Puig y Blanch, aparte de sus errores religiosos y de su fanatismo político, que les quitaron la imparcialidad en muchos casos, escribieron con la preparación debida, ni respetaron bastante los fueros de la historia, ni escogieron por tema principal de sus obras a nuestros heterodoxos, ni tocaron sino por incidencia la parte bibliográfica y de crítica literaria, que es no poco importante en este asunto.

El entusiasmo protestante halló al fin eco en la primera historia de la Reforma en España, no escrita de cierto con la prolijidad y el esmero que deseaba el padre de Lessing[23] en la centuria antecedente; pero útil y digna de memoria como primer ensayo. Me refiero a la obra del presbiteriano escocés M'Crie, publicada en 1829 con el título de History of the progress and suppression of the Reformation in Spain in the sixteenth century[24], que hace juego con su History of the Reformation in Italy, dos veces Es la obra de M'Crie una recopilación en estilo no inelegante de las noticias esparcidas en Reinaldo González de Montes, Geddes, Pellicer, Llorente, etc., sin que se trasluzca en el autor gran cosecha de investigaciones propias, ni sea de alabar otra cosa que la novedad del intento y la exposición clara y lúcida. En tal libro, impregnado de espíritu de secta (como era de recelar), aprendieron los ingleses la historia de nuestros reformistas, que antes casi del todo ignoraban[25]. Bastantes años pasaron sin que nuevas indagaciones viniesen a allanar tan áspero camino. Al cabo, un erudito gaditano, que por dicha vive[26], y por dicha ilustra aún a su patria con notable talento y laboriosidad ejemplar, dado desde sus juveniles años a todo linaje de investigaciones históricas, en especial de lo raro y peregrino, concibió el proyecto de escribir una historia de nuestros protestantes, más completa y trabajada que la de M'Crie. Don Adolfo de Castro, a quien fácilmente se comprenderá que aludo, tenía ya terminada en 1847 una Historia del protestantismo en España, que refundió y acrecentó más adelante, viniendo a formar nueva obra, que con el rótulo de Historia de los protestantes españoles y de su persecución por Felipe II, vio la pública luz en Cádiz el año 1851[27]. De las doctrinas, si no heterodoxas, sobremanera avanzadas en orden a la libertad religiosa; de las apreciaciones históricas, inexactas o extremadas, sobre todo en lo relativo a la Inquisición y a Felipe II; de los lunares, en fin, de aquel libro escrito en los fuegos de la juventud, no me toca hablar aquí. Pública y solemnemente los ha reconocido su autor, en diversas ocasiones, elevándose y realzándose de esta suerte a los ojos de su propia conciencia, a los de todos los hombres de corazón e inteligencia sanos, y a los de Dios sin duda, a quien ha ofrecido como en expiación sus brillantes producciones posteriores. Yo sólo debo decir que en el libro de mi respetable amigo hay erudición rara e investigaciones históricas curiosísimas, como lo reconoció, hablando de las que versan acerca del príncipe don Carlos, el grande archivero belga, tan benemérito de nuestra historia, Mr. Gachard, en su excelente monografía sobre la vida de aquel malaventurado joven[28].

Claro es que pueden señalarse en libro tan interesante numerosos vacíos, ligerezas frecuentes, escasez y aun falta de noticias en algunos capítulos. Los libros de nuestros heterodoxos siempre han sido raros en España, y natural es que algunos se escondiesen a la diligencia del señor Castro. En una obra posterior y escrita con el mismo espíritu que la Historia de los protestantes, en el Examen filosófico de las principales causas de la decadencia de España (Cádiz 1852), trasladado al inglés por Mr. Thomas Parker con el título de History of the religious intolerance in Spain (Londres 1853), añadió el erudito andaluz curiosas y apreciables noticias enlazadas con la historia de las herejías en la Península.

Por entonces habían comenzado a exhumar los monumentos de las agitaciones religiosas de España en el siglo XVI dos hombres entusiastas e infatigables, cuyos nacimientos parecen haber obedecido a misterioso sincronismo, tal fue la amistad íntima que los ligó siempre y el mutuo auxilio que se prestaron en sus largas y penosas indagaciones. Vivía en Inglaterra un erudito cuáquero, dado al estudio de las literaturas del Mediodía de Europa, en el cual le había iniciado un hermano suyo, traductor del Tasso y de Garcilaso de la Vega. Llamábase Benjamín Barron Wiffen, y por dicha suya y de las letras españolas halló quien le secundase en sus proyectos y tareas.

Fue éste don Luis Usoz y Río, que entró en relaciones con Wiffen durante su viaje a Inglaterra en 1839. Animados entrambos por el fervor de secta, al cual se mezclaba un elemento más inocente, la manía bibliográfica, emprendieron la publicación de los Reformistas antiguos españoles. Desde 1837 a 1865 duró la impresión de los veinte volúmenes de esta obra, que, como escribió la sobrina de Wiffen, contiene «la historia de los antiguos protestantes españoles, de sus iglesias, de sus martirios y de sus destierros». Poco divulgados han sido estos volúmenes, impresos con esmero y en contado número de ejemplares; pero la Europa docta los conoce bien, y a su aparición se debieron las copiosas noticias que han venido a disipar las tinieblas hasta hoy dominantes en la historia de nuestros primeros protestantes. Con el Carrascón, de Fernando de Texeda, abrió la serie Usoz y Río, casi al mismo tiempo que Wiffen reimprimía la Epístola consolatoria del doctor Juan Pérez. A estos primeros tomos siguieron en breve la Imagen del Anticristo y Carta a Felipe II, las obras de Juan de Valdés, la mayor parte de las de Cipriano de Valera y Juan Pérez, las Dos informaciones, cuya traducción se atribuye a Francisco de Enzinas, el tratado de la Inquisición de Reinaldo G. Montano, la autobiografía de Nicolás Sacharles, los opúsculos del doctor Constantino y la Historia de la muerte de Juan Díaz, acompañada de su brevísima Summa Christianae religionis. Con pocas excepciones, como la de la Epístola consolatoria y la del Alfabeto christiano, todas estas reimpresiones salieron de Madrid, ex aedibus Laetitiae (imprenta de don Martín Alegría). Algunas de estas obras fueron traducidas por Usoz del italiano o del latín, en que primitivamente las escribieron o publicaron sus autores: de las Consideraciones divinas, de Valdés, se hicieron hasta tres ediciones para acrisolar más y más el texto, y en suma, por lo que respecta a ejecución material, nada dejaron que apetecer los Reformistas españoles. Si de las copiosas notas ilustrativas que preceden o siguen a la mayor parte de los tomos apartamos las eternas e insípidas declamaciones propias del fanatismo cuáquero de los editores, las cuales lindan a veces con lo ridículo, y nos hacen sonreír de compasión hacia aquellos honrados varones, que con semejantes libros (hoy casi inocentes) esperaban de buena fe evangelizar a España, encontraremos en ellas un rico arsenal de noticias y documentos, y subirá de punto nuestro aprecio a la inteligencia y laboriosidad de Wiffen y de Usoz, aunque censuremos los propósitos descabellados más bien que peligrosos que los indujeron a su empresa. Siempre merecen respeto la erudición sana y leal, el entusiasmo, aunque errado, sincero. En verdad que no puede leerse sin alguna simpatía la narración que hace Wiffen de los trabajos suyos y de su amigo, de las dificultades con que tropezaron para haber a las manos ciertos ejemplares, de la diligencia con que transcribieron manuscritos y raros impresos de públicas y privadas bibliotecas, de todos los incidentes, en fin, anejos a la reimpresión y circulación de libros de esta clase.

Según el orden natural de las cosas, y según el esmero y conciencia con que procedían Usoz y Wiffen, la colección de Reformistas era como el precedente de la Bibliografía protestante española. De consuno se habían propuesto entrambos amigos compilarla, pero la muerte de Usoz, ocurrida en 1865, vino a detener el curso de las tareas, dejando solo al inglés cuando apenas comenzaba la ordenación y arreglo de sus papeletas. Privado ya de su auxiliar y amigo, el autor de la Vida de Juan de Valdés buscó en sus postreros años la colaboración y apoyo de otro erudito joven y entusiasta, el doctor Eduardo Boehmer, hoy catedrático de lenguas romanas en la Universidad de Estrasburgo[29]. Muerto Wiffen, a Boehmer acudieron sus testamentarios y amigos, suplicándole que se hiciese cargo de los papeles, libros y apuntamientos del difunto. Aparecieron entre ellos varias listas con los nombres de autores que se proponía incluir en su Biblioteca, considerable número de papeletas bibliográficas, y extendidos sólo los artículos de Tejeda (autor del Carrascón), Juan Pérez y Nicolás Sacharles, breves los tres y el segundo incompleto. A ruegos de Mr. John Betts, traductor de la Confesión del pecador, del doctor Constantino, y ejecutor testamentario de Wiffen, emprendió Boehmer la ardua labor de una Biblioteca de reformistas españoles, ajustándose con leves modificaciones al plan del docto cuáquero y haciendo uso de los materiales por su laboriosidad allegados. Pero les agregó inmenso caudal de noticias, fruto de sus indagaciones en las bibliotecas de Alemania, Inglaterra, Francia y Países Bajos, y sobre esta ancha y profunda base levantó el edificio de su Bibliotheca Wiffeniana-Spanish reformers, cuyo primer volumen dio a la estampa en el año de 1874, sin que hasta la fecha haya visto la pública luz el segundo o llegado por lo menos a nuestras manos.

No era peregrino el catedrático de Estrasburgo en este campo. Ya en 1860 había hecho en Halle de Sajonia esmerada reproducción del texto italiano de las Consideraciones valdesianas, poniendo a su fin una Memoria, modestamente llamada Cenni biographici sui fratelli Giovanni ed Alphonso di Valdesso; en 1865 había reimpreso en castellano una parte del Diálogo de la lengua, y a él se debió asimismo la publicación del Lac spirituale y de los Cinco tratadillos evangélicos, atribuidos al famoso reformista conquense y dogmatizador en Nápoles. Habíanle dado a conocer además como cultivador de esta rama de la historia literaria su libro acerca de Francisca Hernández y diversos artículos y memorias esparcidos en revistas inglesas y alemanas.

Pero fuerza es confesar que el nuevo libro del catedrático sajón excede en mucho a cuanto de su reconocido saber esperaba la república de las letras. Encabézase (como era de justicia) el volumen publicado con la biografía de Wiffen, redactada por su sobrina, y con la relación de los incidentes enlazados con la reimpresión de los Reformistas, escrito del mismo Wiffen, que lo estimaba como preliminar a su proyectada biblioteca. Llenan el resto del tomo las noticias bio-bibliográficas de Juan y Alfonso de Valdés, de Francisco y Jaime de Enzinas y del doctor Juan Díaz. El trabajo relativo a los hermanos Valdenses puede pasar por modelo en lo que hace al registro y descripción de las ediciones. Pocas veces he visto reunidos tanta riqueza de materiales, tanta exactitud y esmero, tan delicada atención a los más minuciosos pormenores. El doctor Boehmer nota y señala las más ligeras diferencias, imperceptibles casi para ojos menos escudriñadores y ejercitados; y sabe distinguir, con precisión asombrosa, las varias impresiones primitivas de los diálogos valdesianos, tan semejantes algunas entre sí, que parecen ejemplares de una sola. De ciento once artículos consta la bibliografía de los hermanos conquenses, ordenada por nuestro doctor, comprendiendo en ella detallada noticia de los documentos diplomáticos extendidos por Alfonso, de los escritos de Juan y de sus reproducciones en varias lenguas, llegando a cincuenta y siete, si no he contado mal, el número de ediciones descritas o citadas en este catálogo. Los apuntes biográficos son también apreciables, aunque en esta parte el libro de Boehmer ha sido superado, como veremos adelante, por el de don Fermín Caballero.

En cuanto a Francisco de Enzinas, había dado mucha luz la publicación de sus Memorias por la Sociedad de Historia de Bélgica en 1862; pero aún se ilustra más su biografía con los documentos recogidos por Boehmer, que ha examinado la voluminosa correspondencia dirigida a Enzinas, cuyo manuscrito se custodia en el archivo del Seminario protestante de Estrasburgo. Tenemos, pues, en claro, la azarosa vida de aquel humanista burgalés, catedrático de griego en las aulas de Cambridge, amigo de Melanchton, de Crammer y de Calvino. Tampoco es susceptible de grandes adiciones ni enmiendas la sección bibliográfica. Siento, no obstante, que el profesor alemán haya dejado de advertir que no fueron traducidas por Enzinas, sino por Diego Gracián de Alderete dos de las vidas de Plutarco publicadas en Colonia Argentina en 1551: las de Temístocles y Camilo, cosa para mí evidente, y que ya sospechó el bibliófilo gallego don Manuel Acosta en carta a don Bartolomé José Gallardo. Sin duda, por no haber tenido ocasión de examinar personalmente los Diálogos de Luciano, impresos en León de Francia, 1550; y la Historia verdadera del mismo Luciano, que lo fue en Argentina (Estrasburgo) en 1551, no se ha atrevido a afirmar que sean de Enzinas tales versiones, ni ha notado que en la primera se incluye la traducción, en verso castellano, de un idilio de Mosco. Pero su sagacidad crítica le hace adivinar lo cierto en cuanto a la Historia verdadera; y lo mismo puede y debe creerse de los Diálogos, como fácilmente demuestra el examen de las circunstancias tipográficas, y aún más el del estilo de ambos libros. Acerca de la muerte de Juan Díaz, recoge Boehmer con esmero las relaciones de los contemporáneos, y si no apura, por lo menos ilustra en grado considerable la historia de aquel triste y desastroso acaecimiento. Intercalado en la biografía de Enzinas está lo poco que sabemos de su hermano Jaime y de Francisco de San Román.

Distingue a la Bibliotheca Wiffeniana, aparte de la erudición copiosa y de buena ley, el casi total alejamiento del fanático espíritu de secta, que tantas veces afea los libros de Usoz y Wiffen. Con variar pocas palabras y suprimir algún concepto, pudiera ser trasladado del inglés al castellano. El catedrático de Estrasburgo sabe y quiere ser sólo filólogo y bibliógrafo: por eso su obra será consultada siempre con provecho, y ni amigos ni enemigos la miraran como fuente sospechosa. Anhelamos, pues, la publicación del segundo tomo, y la del estudio sobre Miguel Servet, a quien no ha dado cabida Boehmer en la Biblioteca por considerar, y con razón, que se destacaba del grupo general de los heterodoxos de aquélla era la individualidad aislada y poderosa del antitrinitario aragonés, víctima de los odios de Calvino.

Mas, por dicha, los trabajos servetistas abundan, y bien pronto satisfarán al más exigente. En 1839 publicó Trechsel el primer libro de la historia de los protestantes unitarios, dedicado todo a Servet. En 1844, la Sociedad de Historia y Arqueología de Ginebra insertó en el tomo III de sus Memorias un amplio extracto del proceso. En 1848, Emilio Saisset analizó con brillantez francesa el carácter, las obras y el sistema teológico-filosófico de nuestro heresiarca. En 1855 se publicó en Madrid una biografía anónima, y al año siguiente una serie de estudios en la Revista de Instrucción pública, firmados por el bibliotecario ovetense don Aquilino Suárez Bárcena. Por fin, y aparte de estudios de menos cuenta, el teólogo de Magdeburgo Tollin ha expuesto, y sigue exponiendo con prolijidad alemana muy laudable, aunque con graves errores dogmáticos, la vida y doctrinas de Servet. La obra capital de Tollin, Das Lehrsystem Michael Servets, ocupa no menos que tres volúmenes. Y ya sueltas, ya en revistas, había estampado antes las siguientes memorias y alguna más: Lutero y Servet, Melanchton y Servet, Infancia y juventud de Servet, Servet y la Biblia, Servet y la Dieta de Ausburgo, Servet y Bucero, Miguel Servet como geógrafo, Miguel Servet como médico, Panteísmo de Servet, y anuncia la de Servet, descubridor de la circulación de la sangre. No se puede pedir más: tenemos una verdadera biblioteca servetista.

Poco menos puede decirse de los trabajos referentes a Juan de Valdés. De todos vino a ser corona el tomo IV de la galería de Conquenses ilustres, última obra de don Fermín Caballero, varón digno de otros tiempos, a quien, por mi fortuna, conocí y traté como a maestro y amigo en sus últimos años. Vímosle todos consagrar con noble ardor su robusta y laboriosa ancianidad al enaltecimiento de las glorias de su provincia natal, y una tras otra brotaron de su pluma las biografías de Hervás y Panduro, nuestro primer filólogo; de Melchor Cano, luz de nuestros teólogos; de Alonso Díaz de Montalvo, uno de los padres de nuestra jurisprudencia, y, finalmente, de los hermanos Juan y Alfonso de Valdés, que es la que ahora nos interesa. El tomo IV de Hijos ilustres de Cuenca, además de reunir y condensar el fruto de los estudios anteriores, encierra muchos datos nuevos y decide las cuestiones relativas a la patria, linaje y parentesco de los Valdeses, cortando todas las dudas manifestadas por algunos eruditos. La vida de Alfonso queda en lo posible dilucidada, su posición teológica fuera de duda, puestas en claro sus relaciones con Erasmo, punto importante, hasta hoy no bien atendido: auméntase el catálogo de los documentos diplomáticos que suscribiera; y por lo que respecta a Juan, las noticias de su doctrina, enseñanzas y discípulos... exceden en seguridad y exactitud a cuanto habían dicho los biógrafos anteriores, aunque entren en cuenta Usoz, Wiffen, Boehmer y Stern.

Esta obra, escrita con la elegante sencillez propia del autor de la Población rural, y conveniente en este linaje de estudios, va acompañada de un apéndice de 85 documentos, entre ellos más de treinta cartas inéditas de Alfonso de Valdés o a él dirigidas, que se guardan en la curiosa colección de Cartas de Erasmo y otros, existente en la biblioteca de la Real Academia de la Historia. Enriquecen asimismo esta sección desconocidos papeles, sacados del archivo de Simancas y del de la ciudad de Cuenca, que, naturalmente, se ocultaron a la diligencia de los investigadores extranjeros. ¡Fortuna y gloria ha sido para Juan de Valdés encontrar uno tras otro tan notables biógrafos y comentadores, premio bien merecido (aparte de sus errores) por aquel acrisolado escritor, modelo de prosa castellana, de quien cantó David Rogers:

Valdesio hispanus scriptore superbiat orbis!

Poco antes de su muerte preparaba don Fermín Caballero las biografías del antiguo heterodoxo Gonzalo de Cuenca, de Juan Díaz y de Constantino de la Fuente. Quedaron casi terminadas y en disposición de darse a la estampa, lo cual se hará presto, según imagino, para resarcir en alguna manera la pérdida irreparable que con la muerte de su autor experimentó la ciencia española.

Si a los libros y memorias citados añadimos cuatro artículos sobre la España protestante, escritos en lengua francesa por el señor Guardia en las Revistas de Ambos Mundos y Germánica, con ocasión de las publicaciones de M'Crie, Castro y Usoz, habremos mencionado casi todo lo que en estos últimos años se ha impreso acerca de la Reforma en España. Están reunidos en buena parte los materiales y se puede ya escribir la historia. ¡Ojalá que el primero a quien ocurrió esta idea hubiese llegado a realizarla! Otra historia leeríamos llena de saber y de claridad y no esta seca y desmedrada crónica mía. Don Pedro José Pidal, a quien corresponde el mérito de haber iniciado entre nosotros este género de estudios, publicando en 1848 (cuando sólo M'Crie había escrito) su artículo De Juan de Valdés, y si es autor del Diálogo de las lenguas, tenía en proyecto una Historia de la reforma en España, y aun dejó entre sus papeles tres o cuatro notas a este propósito. Distrajéronle otras tareas, y la obra no pasó adelante.

De manifestaciones heterodoxas, anteriores o posteriores al protestantismo, se ha escrito poco, a lo menos en monografías especiales. Pero como capítulos de nuestra Historia eclesiástica[30] ha tratado de algunas de ellas con su habitual maestría de canonista y de expositor don Vicente de la Fuente, a quien debemos también una Historia de las sociedades secretas en España y varios opúsculos útiles. Las biografías de cada heterodoxo y otros escritos sueltos irán indicados en sus lugares respectivos, de igual suerte que los ensayos concernientes a la Historia de las artes mágicas, entre los cuales se distingue el de don José Amador de los Ríos.

No sé si con vocación o sin ella, pero persuadido de la importancia del asunto y observando con pena que sólo le explotan (con leves excepciones) escritores heréticos y extranjeros, tracé tiempo atrás el plan de una Historia de los heterodoxos españoles con espíritu español y católico, en la cual, aparte de lo ya conocido, entrasen mis propias investigaciones y juicios sobre sucesos y personajes poco o mal estudiados. Porque la historia de nuestros protestantes sería acéfala y casi infecunda si la considerásemos aislada y como independiente del cuadro general de la heterodoxia ibérica. No debe constituir una obra aparte, sino un capítulo el más extenso (y quizá no el más importante) del libro en que se expongan el origen, progresos y vicisitudes en España de todas las doctrinas opuestas al catolicismo, aunque nacidas en su seno. Cuantos extravagaron en cualquier sentido de la ortodoxia han de encontrar cabida en las, páginas de este libro. Prisciliano, Elipando y Félix, Hostegesis, Claudio, el español Mauricio, Arnaldo de Vilanova, fray Tomás Scoto, Pedro de Osma..., tienen el mismo derecho a figurar en él que Valdés, Enzinas, Servet, Constantino, Cazalla, Casiodoro de Reina o Cipriano de Valera. Clamen cuanto quieran los protestantes por verse al lado de alumbrados y molinosistas, de jansenistas y enciclopedistas. Quéjense los partidarios de la novísima filosofía de verse confundidos con las brujas de Logroño. El mal es inevitable: todos han de aparecer aquí como en tablilla de excomunión; pero a cada cual haremos los honores de la casa según sus méritos.

El título de Historia de los heterodoxos me ha parecido más general y comprensivo que el de Historia de los herejes. Todos mis personajes se parecen en haber sido católicos primero y haberse apartado luego de las enseñanzas de la Iglesia, en todo o en parte, con protestas de sumisión o sin ellas, para tomar otra religión o para no tornar ninguna. Comprende, pues, esta historia:

1. º Lo que propia y, más generalmente se llama herejía, es decir, el error en algún punto dogmático o en varios, pero sin negar, a lo menos, la Revelación.
2. º La impiedad con los diversos nombres y matices de deísmo, naturalismo, panteísmo, ateísmo, etc.
3. º Las sectas ocultas e iluminadas. El culto demoníaco o brujería. Los restos idolátricos. Las supersticiones fatalistas, etc.
4. º La apostasía (judaizantes, moriscos, etc.), aunque, en rigor, todo hereje es apóstata[31].

Por incidencia habremos de tratar cuestiones de otra índole, entrar en defensa de ciertos personajes calumniados de heterodoxia, poner en su punto las relaciones de ésta con la historia social, política y literaria, etc., todo con la claridad y distinción posibles.

Tiene esta historia sus límites de tiempo y de lugar, como todas. Empieza con los orígenes de nuestra Iglesia y acabará con la última doctrina o propaganda herética que en España se haya divulgado hasta el punto y hora en que yo cierre el último volumen[32]. Largo tiempo dudé si incluir a los vivos, juzgando cortesía literaria el respetarlos, y más en asunto de suyo delicado y expuesto a complicaciones, como que llega y toca al sagrario de la conciencia. Ciertamente que, si en España reinara la unidad católica, en modo alguno los incluiría, para que esta obra no llevase visos de delación o libelo; cosa de todo en todo opuesta a mi carácter e intenciones. Pero ya que, por voluntad de los legisladores y contra la voluntad del país, tenemos tolerancia religiosa, que de hecho se convierte en libertad de cultos, ¿a quién perjudico con señalar las tendencias religiosas de cada uno y los elementos que dañosamente influyen en el desconcierto moral del pueblo español? ¿Por ventura descubro algún secreto al tratar de opiniones que sus autores, lejos de ocultar, propalan a voz en grito en libros y revistas, en cátedras y discursos? Para alejar toda sospecha prescindiré en esta última parte de mi Historia (con rarísimas excepciones) de papeles manuscritos, correspondencias, etc. Todo irá fundado en obras impresas, en actos públicos, en documentos oficiales. Lo más desagradable para algunos será el ver contadas y anotadas sus evoluciones de bien en mal y de mal en peor, sus falsas protestas de catolicismo y otros lapsus que sin duda tendrán ya olvidados. Pero littera scripta manet, y no tengo yo la culpa de que las cosas hayan pasado así y no de otra manera.

Por lo que hace a la categoría de lugar, este libro abraza toda España, es decir, toda la península Hispánica, malamente llamada Ibérica, puesto que la unidad de la historia, y de ésta más que de ninguna, impide atender a artificiales divisiones políticas. En los mismos tiempos y con iguales caracteres se ha desarrollado la heterodoxia en Portugal que en Castilla. Estudiarla en uno de los reinos y no en el otro, equivaldría a dejar incompletas y sin explicación muchas cosas. Por eso, al lado de Francisco de Enzinas figurará Damián de Goes; cerca de Cipriano de Valera colocaré a Juan Ferreira de Almeida; el caballero Oliveira irá a la cabeza de los escasos protestantes del siglo pasado, y el célebre autor de la Tentativa teológica será para nosotros el tipo del jansenista español, juntamente con los canonistas de la corte de Carlos III.

Ha de mostrar la historia unidad de pensamiento, so pena de degenerar en mera recopilación de hechos más o menos curiosos, exóticos y peregrinos. Conviene, pues, fijar y poner en su punto el criterio que ha de presidir en estas, páginas.

La historia de la heterodoxia española puede ser escrita de tres maneras:

1. ª En sentido de indiferencia absoluta, sin apreciar el valor de las doctrinas o aplicándoles la regla de un juicio vacilante con visos de imparcial y despreocupado.

2. ª Con criterio heterodoxo, protestante o racionalista.
3. ª Con el criterio de la ortodoxia católica.

No debe ser escrita con esa indiferencia que presume de imparcialidad, porque este criterio sólo puede aplicarse (y con hartas dificultades) a una narración de hechos externos, de batallas, de negociaciones diplomáticas o de conquistas (y aun éstas, en sus efectos, no en sus causas): nunca a una historia de doctrinas y de libros, en que la crítica ha de decidirse necesariamente por el bien o por el mal, por la luz o por las tinieblas, por la verdad o por el error, someterse a un principio y juzgar con arreglo a él cada uno de los casos particulares. Y desde el momento en que esto hace, pierde el escritor aquella imparcialidad estricta de que blasonan muchos y que muy pocos cumplen, y entra forzosamente en uno de los términos del dilema: o juzga con el criterio que llamo heterodoxo, y que puede ser protestante o racionalista según que acepte o no la Revelación, o humilla (¡bendita humillación!) su cabeza al yugo de la verdad católica, y de ella recibe luz y guía en sus investigaciones y en sus juicios. Y si el historiador se propone únicamente referir hechos y recopilar noticias, valiéndose sólo de la crítica externa, pierde la calidad de tal; hará una excelente bibliografía como la del doctor Boehmer, pero no una historia.

Gracias a Dios, no soy fatalista, ni he llegado ni llegaré nunca a dudar de la libertad humana, ni creo, como los hegelianos, en la identidad de las proposiciones contrarias, verdaderas las dos como manifestaciones de la idea o evoluciones diversas de lo Absoluto, ni juzgo la historia como simple materia observable y experimentable al modo de los positivistas. Católico soy, y, como católico, afirmo la providencia, la revelación, él libre albedrío, la ley moral, bases de toda historia. Y si la historia que escribo es de ideas religiosas, y estas ideas pugnan con las mías y con la doctrina de la Iglesia, ¿qué he de hacer sino condenarlas? En reglas de lógica y en ley de hombre honrado y creyente sincero, tengo obligación de hacerlo.

Y ¿para cuándo guardas la imparcialidad?, se me dirá. ¿No es ésa la primera cualidad del narrador, según rezan todos los tratados de conscribenda historia desde Luciano acá? La respuesta es fácil: mi historia será parcial (y perdóneseme lo inexacto de la frase, puesto que la verdad no es parte, sino todo) en los principios; imparcial, esto es, veracísima, en cuanto a los hechos, procurando que el amor a la santa causa no me arrastre a injusticias con sus mayores adversarios, respetando cuanto sea noble y digno de respeto, no buscando motivos ruines a acciones que el concepto humano tiene por grandes; en una palabra, con claridad hacia las personas, sin indulgencia para los errores. Diré la verdad lisa y entera a tirios y a troyanos sin retroceder ante ninguna averiguación, ni ocultar nada, porque el catolicismo, que es todo luz, odia las tinieblas y ninguna verdad puede ser hostil a la Verdad Suma, puesto que todas son reflejos de ella, y se encienden y apuran en su lumbre:

Que es lengua, la verdad, de Dios severa,
y la lengua de Dios nunca fue muda.

Estén, pues, seguros mis lectores, que (como sea cierto) no faltará en mi historia ninguno de los hechos hasta ahora divulgados por escritores no católicos, con más otros nuevos y dignos de saberse, y que ningún sectario ha de aventajarme en la escrupulosidad con que (hasta donde mis débiles fuerzas alcancen) procuraré aquilatar y compulsar las relaciones y hacer a todos justicia. Creo que hasta podrá tachárseme de cierto interés y afición, quizá excesiva, por algunos herejes, cuyas cualidades morales o literarias me han parecido dignas de loa. Pero en esto sigo el ejemplo de los grandes controversistas cristianos, ya que en otras cosas estoy a cien leguas de ellos. Nadie ha manifestado más simpatías por el carácter de Melanchton que Bossuet en la Historia de las variaciones. Y si algún exceso notaren en esta parte los teólogos, perdónenlo en consideración a mis estudios profanos, que tal vez me hacen apreciar más de lo justo ciertas condiciones éticas y estéticas que, por ser del orden de los dones naturales, concedió el Señor con larga mano a los gentiles, y no cesa de derramar aun en los que se apartan de su ley con ceguera voluntaria y pertinaz.

¿Y qué habríamos de decir del que se propusiera escribir esta historia en sentido heterodoxo? Condenaríase anticipadamente a no hallar la razón de nada, ni ver salida en tan enmarañado laberinto, y nos daría fragmentos, no cuerpo de historia. Y la razón es clara: ¿cómo el escritor que juzga con prevenciones hostiles al catolicismo, y para hablar de cosas de España empieza por despojarse del espíritu español, ha de comprender la razón histórica, así del nacimiento como de la muerte de todas las doctrinas heréticas, impías o supersticiosas, desarrolladas en nuestro suelo, cuando estas herejías, impiedades y supersticiones son entre nosotros fenómenos aislados, eslabones sueltos de la cadena de nuestra cultura, plantas que, destituidas de jugo nutritivo, muy pronto se agostan y mueren, verdaderas aberraciones intelectuales, que sólo se explican refiriéndolas al principio de que aberran? ¿Cómo ha de explicar el que con tal sistema escriba por qué no arraigó en España en el siglo XVI el protestantismo, sostenido por escritores eminentes como Juan de Valdés, sabios helenistas como Francisco de Enzinas y Pedro Núñez Vela, doctos hebraizantes como Antonio del Corro y Casiodoro de Reina, literatos llenos de amenidad y de talento como el ignorado autor de El Crótalon[33], e infatigables propagandistas al modo de Julián Hernández y Cipriano de Valera? ¿Cómo una doctrina que tuvo eco en los palacios de los magnates, en los campamentos, en las aulas de las universidades y en los monasterios, que no carecía de raíces y antecedentes, así sociales como religiosos; que llegó a constituir secretas congregaciones en Valladolid y en Sevilla, desaparece en el transcurso de pocos años, sin dejar más huella de su paso que algunos fugitivos en tierras extrañas, que desde allí publican libros, no leídos o despreciados en España? Porque hablar del fanatismo, de la intolerancia religiosa, de los rigores de la Inquisición y de Felipe II es tomar el efecto por la causa o recurrir a lugares comunes, que no sirven, ni por asomos, para resolver la dificultad. Pues qué, ¿hubiera podido existir la Inquisición si el principio que dio vida a aquel popularísimo tribunal no hubiese encarnado desde muy antiguo en el pensamiento y en la conciencia del pueblo español? Si el protestantismo de Alemania o el de Ginebra no hubiese repugnado al sentimiento religioso de nuestros padres, ¿hubieran bastado los rigores de la Inquisición, ni los de Felipe II, ni los de poder alguno en la tierra para estorbar que cundiesen las nuevas doctrinas, que se formaran iglesias y congregaciones en cada pueblo, que en cada pueblo se imprimiese pública o secretamente una Biblia en romance y sin notas y que los Catecismos, los diálogos y las Confesiones reformistas penetrasen triunfantes en nuestro suelo, a despecho de la más exquisita vigilancia del

Santo Oficio, como llegó a burlarla Julianillo Hernández, introduciendo dichos libros en odres y en toneles por jaca y el Pirineo de Aragón? ¿Por qué sucumbieron los luteranos españoles sin protesta y sin lucha? ¿Por qué no se reprodujeron entre nosotros las guerras religiosas que ensangrentaron a Alemania y a la vecina Francia? ¿Bastaron unas gotas de sangre derramadas en los autos de Valladolid y de Sevilla para ahogar en su nacimiento aquella secta? Pues de igual suerte hubieran bastado en Francia la tremenda jornada de Saint Barthelémy y los furores de la Liga; lo mismo hubieran logrado en Flandes las tremendas justicias del gran duque de Alba. ¿No vemos, por otra parte, que casi toda la Península permaneció libre del contagio, y que, fuera de dos o tres ciudades, apenas encontramos vestigios de organización protestante?

Desengañémonos: nada más impopular en España que la herejía, y de todas las herejías, el protestantismo. Lo mismo aconteció en Italia. Aquí como allí (aun prescindiendo del elemento religioso), el espíritu latino, vivificado por el Renacimiento, protestó con inusitada violencia contra la Reforma, que es hija legítima del individualismo teutónico; el unitario genio romano rechazó la anárquica variedad del libre examen; y España, que aún tenía el brazo teñido en sangre mora y acababa de expulsar a los judíos, mostró en la conservación de la unidad, a tanto precio conquistada, tesón increíble, dureza, intolerancia, si queréis; pero noble y salvadora intolerancia. Nosotros, que habíamos desarraigado de Europa el fatalismo mahometano, ¿podíamos abrir las puertas a la doctrina del servo arbitrio y de la fe sin las obras? Y para que todo fuera hostil a la Reforma en el Mediodía de Europa, hasta el sentimiento artístico clamaba contra la barbarie iconoclasta.

No neguemos, sin embargo, que el peligro fue grande, que entre los hombres arrastrados por el torbellino hubo algunos de no poco entendimiento, y otros temibles por su prestigio e influencia. Pero ¿qué son ni qué valen todos ellos contra el unánime sentimiento nacional. Hoy es el día en que, a pesar de tantas rehabilitaciones, ninguno de esos nombres es popular (ni conocido apenas) en España. Hasta los librepensadores los ignoran o menosprecian. ¿No prueban algo esta absoluta indiferencia, este desdén de todo un pueblo? ¿No indican bien a las claras que esos hombres no fueron intérpretes de la raza, sino de sus propias y solitarias imaginaciones? Y si otra prueba necesitáramos, nos la daría su propio estilo, generalmente notable, pero muy poco español cuando discurrieron de materias teológicas. Hay en los mejores (ora escriban en latín, ora en castellano) cierto sabor exótico, cierta sequedad dogmática, una falta de vida y de abundancia, que contrastan con el general decir de nuestros prosistas, y con el de los protestantes mismos, cuando tratan de materias indiferentes u olvidan sus infaustos sistemas. Compárese el estilo de Juan de Valdés en los Comentarios a las Epístolas de San Pablo con el de sus Diálogos, y se verá la diferencia. La prosa de Juan Pérez y de Cipriano de Valera es mucho más ginebrina que castellana. Y es que la lengua de Castilla no se forjó para decir herejías. Medrado quedará el que no conozca más teólogos ni místicos ni literatos españoles que los diez o doce reformistas, cuyos libros imprimió Usoz, o crea encontrar en ellos el alma de España en el siglo XVI. Y paréceme que a Wiffen y a otros eruditos extranjeros les ha sucedido mucho de esto.

Para mí, la Reforma en España es sólo un episodio curioso y de no grande trascendencia. A otros descarríos ha sido y es más propenso el pensamiento ibérico. Hostil siempre a esos términos medios, cuando se aparta de la verdad católica, hácelo para llevar el error a sus últimas consecuencias: no se para en Lutero ni en Calvino, y suele lanzarse en el antitrinitarismo, en el racionalismo y, más generalmente, en el panteísmo crudo y neto, sin reticencias ni ambages. En casi todos los heterodoxos españoles de cuenta y de alguna originalidad es fácil descubrir el germen panteísta.

Pero ni aun éste es indígena: el gnosticismo viene de Egipto; el avicebronismo y el averroísmo, de los judíos y de los árabes; las teorías de Miguel Servet son una transformación del neoplatonismo; las sectas alumbradas y quietistas han pasado por Italia y Alemania antes de venir a nuestra tierra. El molinosismo, que a primera vista pudiera juzgarse (y han juzgado algunos) herejía propia de nuestro carácter y exageración o desquiciamiento de la doctrina mística, nada tiene que ver con el sublime misticismo de nuestros clásicos. Sabemos bien sus antecedentes: es el error de los iluminados de Italia; que en Italia misma contagió a Molinos, que fue acérrimamente combatido entre nosotros, y que si dio ocasión a algunos procesos de monjas y de beatas hasta fines del pasado siglo, jamás hizo el ruido ni produjo el escándalo que en la Francia de Luis XIV, ni contó sectarios tan venerados como Francisco Le Combe y Juana Guyón, ni halló un Fenelón que, aunque de buena fe, saliese a su defensa, porque en España fueron valladar incontrastable el misticismo sano y la escasa afición de nuestros mayores a novedades sutiles y refinadas, aun en el campo de la devoción.

Por igual razón, el culto diabólico, la brujería, expresión vulgar del maniqueísmo o residuo de la adoración pagana a las divinidades infernales, aunque vive y se mantiene oculto en la Península como en el resto de Europa, del modo que lo testifican los herejes de Amboto, las narraciones del autor de El Crótalon, el Auto de fe de Logroño, los libros demonológicos de Benito Pereiro y Martín del Río, la Reprobación de hechicerías, de Pedro Ciruelo; el Discurso de Pedro de Valencia acerca de las brujas y cosas tocantes a magia, el Coloquio de los perros, de Cervantes..., y mil autoridades más que pudieran citarse, ni llega a tomar el incremento que en otros países, ni es refrenado con tan horrendos castigos como en Alemania, ni tomado tan en serio por sus impugnadores, que muchas veces le consideran, más que práctica supersticiosa, capa para ocultar torpezas y maleficios de la gente de mal vivir que concurría a esos conciliábulos. Y es cierto asimismo que el carácter de brujas y hechiceras aparece en nuestros novelistas como inseparable del de zurcidoras de voluntades o celestinas.

Y fuera de estas generales direcciones, ¿qué nos presenta la heterodoxia española? Nombres oscuros de antitrinitarios como Alfonso Lincurio, de deístas como Uriel da Costa y Prado, algún emanatista como Martínez Pascual, algún teofilántropo como Santa Cruz, algún protestante liberal como don Juan Calderón, un solo cuáquero, que es Usoz..., es decir, extravagancias y errores particulares. Luego, los inevitables influjos extranjeros; el jansenismo francés, apoyado y sostenido por los poderes civiles; el enciclopedismo, los sistemas alemanes modernos, el positivismo. Pero ninguna de estas doctrinas ha logrado, ni las que aún viven y tienen boga y prosélitos lograrán, sustraerse a la inevitable muerte que en España amenaza a toda doctrina repugnante al principio de nuestra cultura, a la mica salis que yace en el fondo de todas nuestras instituciones y creencias. Convénzanse los flamantes apóstoles y dogmatizadores de la suerte que en esta ingrata patria les espera. Caerán sus nombres en el olvido hasta que algún bibliógrafo los resucite como resucitamos hay el de Miguel de Monserrate o el del caballero

Oliveira. Sus libros pasarán a la honrada categoría de rarezas, donde figuran el Exemplar humanae vitae, el Tratado de la reintegración de los seres, el Culto de la humanidad, la Unidad simbólica y la Armonía del mundo racional. ¿No ha ido ya a hacerles compañía la Analítica con su racionalismo armónico y su panentheísmo hipócrita, sus laberínticas definiciones de la sustancia, su concepto del hombre, que es en, bajo, mediante Dios divino, y su unión de la naturaleza y del espíritu, que tiene en el esquema del ser la figura de una lenteja?

Ahora bien, ¿cabe en lo posible que el escritor heterodoxo prescinda de todas sus preocupaciones y resabios, y crea y confiese la razón por qué todas las herejías, supersticiones e impiedades vienen a estrellarse en nuestra tierra, o viven corta, oscura y trabajosa vida? Paréceme que no; pienso que la historia de nuestros heterodoxos sólo debe ser escrita en sentido católico, y sólo en el catolicismo puede encontrar el principio de unidad que ha de resplandecer en toda obra humana. Precisamente porque el dogma católico es el eje de nuestra cultura, y católicos son nuestra filosofía, nuestro arte y todas las manifestaciones del principio civilizador en suma, no han prevalecido las corrientes de erradas doctrinas, y ninguna herejía ha nacido en nuestra tierra, aunque todas han pasado por ella, para que se cumpla lo que dijo el Apóstol: Oportet haereses esse[34].

Y si conviene que las haya, también es conveniente estudiarlas, para que, conocida su filiación e historia, no deslumbren a los incautos cuando aparezcan remozadas en rico traje y arreo juvenil. Por tres conceptos será útil la historia de los heterodoxos:

1. ° Como recopilación de hechos curiosos y dados al olvido, hechos harto más importantes que los combates y los tratados diplomáticos.

2. ° Como recuerdo incidental de glorias literarias y aun científicas, perdidas u olvidadas por nuestra incuria o negligencia.

3. ° Porque, como toda historia de aberraciones humanas, encierra grandes y provechosísimas enseñanzas. Sirve pare abatir el orgullo de los próceres del saber y de la inteligencia, mostrándoles que también caen los cedros encumbrados a par de los humildes arbustos, y que si sucumbieron los Priscilianos, los Arnaldos de Vilanova, los Pedro de Osma, los Valdeses,

los Enzinas y los Blancos, ¿qué cabeza puede creerse segura de errores y desvanecimientos?

Sinteticemos en concisa fórmula el pensamiento capital de esta obra: «El genio español es eminentemente católico: la heterodoxia es entre nosotros accidente y ráfaga pasajera.»

Al lector atañe juzgar si se deduce o no esta consecuencia del número grande de hechos que aquí expondré como sincero y leal narrador. Debo explicar ahora el orden y enlace de las materias contenidas en estos volúmenes, el plan como si dijéramos, y en esto seré brevísimo, porque no me gusta detener al lector en el zaguán de la obra, aun siendo uso y costumbre de historiadores encabezar sus libros con pesadísimas introducciones.

Nacida nuestra Iglesia al calor de la santa palabra del Apóstol de las Gentes y de los varones apostólicos, apurada y acrisolada en el fuego de la persecución y del martirio, muéstrase, desde sus comienzos, fuerte en el combate, sabia y rigurosa en la disciplina. Sólo turban esta época feliz la apostasía de los libeláticos Basílides y Marcial, algunos vestigios de superstición condenados en el concilio de Ilíberis y el apoyo por la española Lucila a los donatistas de Cartago. Amplia materia nos ofrece en el siglo y la herejía priscilianista con todas las cuestiones pertinentes a sus orígenes, desarrollo en España, literatura y sistema teológico-filosófico. Tampoco son para olvidadas la reacción ithaciana ni la origenista, representada por los dos Avitos Bracarenses.

Entre las herejías de la época visigoda descuella el arrianismo, con el cual (a pesar de no haber contagiado ni a una parte mínima de la población española) tuvo que lidiar reñidas batallas el episcopado hispano-latino, defensor de la fe y de la civilización contra el elemento bárbaro. Grato es asistir al vencimiento de este último, primero en Galicia bajo la dominación de los suevos; después en el tercer concilio Toledano, imperando Recaredo. Aún cercaron otros peligros a la población española: el nestorianismo, denunciado en 431 por los presbíteros Vital y Constancio a San Capreolo; el maniqueísmo, predicado en tierras de León y Extremadura por Pacencio; el materialismo de un obispo, cuyo nombre calló su enérgico adversario Liciniano; la herejía de los acéfalos, divulgada en Andalucía por un obispo sirio, etc.

En el tristísimo siglo VIII (primero de la España reconquistadora), no es de admirar que algún resabio empañase en ciertos espíritus inquietos la pureza de la fe, aunque a dicha no faltaron celosos campeones de la ortodoxia. De uno y otro da testimonio la polémica de Beato y Heterio contra la herejía de Elipando de Toledo y Félix de Urgel, que bastó a poner en conmoción el mundo cristiano, levantando para refutarla las valientes plumas de Alcuino, Paulino de Aquileya y Agobardo.

Al examen de esta herejía, de sus orígenes y consecuencias seguirá el estudio de la heterodoxia entre los mozárabes cordobeses, ya se traduzca en apostasías como la de Bodo Eleázaro, briosamente impugnado por Álvaro Cordobés; ya en nuevos errores, como el de los casianos o acéfalos, condenados por el concilio de Córdoba en 839; ya en debilidades como la de Recafredo[35], hasta tomar su última y más repugnante forma en el antropomorfismo del obispo malacitano Hostegesis, contra cuya enseñanza materialista y grosera movió el Señor la lengua y la pluma del abad Samsón en su elocuente Apologético.

Otra tribulación excitó en el siglo IX, pero no en España, sino en Italia, el español Claudio, obispo de Turín y discípulo de Félix, renovando el fanatismo de los iconoclastas de Bizancio, que intentó defender en su curioso Apologeticon, reciamente impugnado por Jonás Aurelianense y Dungalo. ¿Y cómo no recordar a otro sabio español de los que florecieron en las Galias bajo la dominación carolingia, a Prudencio Galindo, obispo de Troyes, que en dos conceptos nos pertenece: como acusado falsamente de herejía y como refutador brillante de los heréticos pareceres de Juan Scoto Erígena, maestro palatino de Carlos el Calvo?

En los siglos X y XI, ningún error (fuera del pueril de los gramáticos) penetró en España. Pongo por término a este segundo libro de mi historia el año 1085, fecha de la memorable conquista de Toledo.

Grandes novedades trajo a la cultura española aquel hecho de armas. Dos influjos comenzaron a trabajar simultáneamente. El ultrapirenaico o galicano, amparado por nuestros reyes y por el general espíritu de los tiempos, nos condujo a la mudanza de rito, hecho triste en sí para toda alma española, pero beneficioso, en último resultado, por cuanto estrechó nuestros vínculos con los demás pueblos cristianos, sacrificando una tradición gloriosa en aras de la unidad. El sentimiento nacional se quejó, y hoy mismo recuerda con cierto pesar aquel trueque; pero cedió, porque nada esencial perdía y se acercaba más a Roma. ¡Tan poderosa ha sido siempre entre nosotros la adhesión a la Cátedra de San Pedro!

Los modos y caminos por donde otro influjo, el semítico, se inoculó en la ciencia española no son tan conocidos como debieran, aunque para la historia de las ideas en la Europa occidental tienen mucha importancia. El saber de árabes y judíos andaba mezclado con graves errores cuando en el siglo XII, por medio del colegio de intérpretes que estableció en Toledo el arzobispo don Raimundo, y gracias a la asidua labor de hebreos y mozárabes, se tradujeron sucesivamente las obras filosóficas de Avicena, Algazel, Alfarabi, Avicebrón, etc. El más ilustre de aquellos traductores, Domingo Gundisalvo, arcediano de Segovia, enseñó abiertamente las principales ideas de la escuela alejandrina en su tratado De processione mundi, bebiendo su doctrina en la Fuente de la Vida, del gran poeta judío Abén Gabirol. Divulgadas estas doctrinas en las aulas de París por los libros y traducciones del mismo Gundisalvo, de Juan el Hispalense y de los extranjeros que, anhelosos de poseer la ciencia oriental, acudían a Toledo, nace muy pronto una nueva y formidable herejía, cuyos corifeos, dos veces anatemizados, fueron Amaury de Chartres, David de Dinant y el español Mauricio. El panteísmo semítico-hispano continuó en el siglo XIII inficionando la escolástica, pero no ya con el carácter de avicebronismo, sino con el de averroísmo y teoría del intelecto uno. Así le combatieron y derrotaron Alberto Magno y Santo Tomás de Aquino; pero, no obstante sus derrotas, y convertido en bandera y pretexto de todas las impiedades que ya comenzaban a fermentar, tocó los límites del escándalo en el turbulento y oscurísimo siglo XIV, encarnándose, por lo que hace a España, en la singular figura de fray Tomás Scoto y en la mítica blasfemia (no libro) De tribus impostoribus.

La hipócrita distinción averroísta entre la verdad teológica y la filosófica provoca la enérgica reacción luliana, que, por ir más allá de lo justo, borró los límites de las dos esferas, inclinándose a la teoría de la fe propedéutica, de la cual (bien contra la voluntad de sus autores) se encuentran vislumbres en varios libros del maestro y en el prólogo del tratado de Las criaturas, de Raimundo Sabunde. De aquí la oposición de los dominicos y la ardiente controversia entre tomistas y lulianos, en la cual rompió Eymerich las primeras lanzas.

Paralelamente a las controversias de la Escuela es necesario estudiar las de la plaza pública, porque siempre las ideas han tendido a convertirse en hechos. Fuerza es, por tanto, penetrar en el laberinto de las herejías populares de la Edad Media, inquiriendo los escasos vestigios que de su paso en España dejaron, ya los albigenses, acaudillados por un tal Arnaldo en tierras de León; ya los valdenses, Insabattatos y pobres de Lugduno, perseguidos en Cataluña por los edictos de don Pedro el Católico, defensor luego de los herejes de Provenza; ya los begardos o beguinos, sectarios todos, que (con diversos títulos) se parecían en aspirar a cierta manera de renovación social.

Poco más que algunos nombres y fechas pueden registrarse en este período. Durán de Huesca, Pedro Oler, fray Bonanato, Durán de Baldach. Jacobo Yusti, Bartolomé Janoessio y otros fanáticos apenas han dejado más que sus nombres en las inestimables, páginas de Eymerich.

Harto más sabemos de los que soñaban con la proximidad del reino de los milenarios y fijaban el día de la venida del Anticristo, clamando a la vez (sin vocación e intempestivamente) por reformas en la Iglesia, diciéndose iluminados y profetas y mostrando en sus conatos marcada propensión al laicismo. De tales ideas se hizo apóstol el insigne médico Arnaldo de Vilanova, seguido por Juan de Peratallada (Rupescissa) y por algún otro visionario. Con ellos se enlazan los místicos, partidarios de las profecías del abad Joaquín y del Evangelio eterno. Contribuyeron a aumentar la confusión los errores y extravagancias individuales de Gonzalo de Cuenca, Nicolás de Calabria, Raimundo de Tárrega. Pedro Riera. etc., y la secta de los Fratricelli, que, con el nombre de herejes de Durango, sirve como de puente entre los antiguos begardos y los alumbrados del siglo XVI.

Pedro de Osma, el Wicleff o el Juan de Huss español, verdadero precursor de la pseudo-reforma, cierra la Edad Media. En adelante la heterodoxia se caracteriza por el libre examen y el abandono del principio de autoridad.

Pero antes de historiar la gran crisis, justo parece despedirnos del averroísmo, que en el siglo XVI lanzaba sus últimos destellos en la escuela de Padua. Allí enseñó el sevillano Juan Montes de Oca, en quien (además de haber defendido la supuesta oposición entre la verdad teológica y la filosófica) es de notar cierta tendencia a las funestas audacias que por entonces divulgaba su comprofesor Pedro Pomponazzi.

El hecho capital del siglo XVI, la llamada Reforma, alcanzó a España muy desde el principio. Allanáronla el camino, produciendo sorda agitación en los ánimos (preludio y amago de la tempestad), las reimpresiones y traducciones que aquí se hicieron de los mordaces escritos de Erasmo y las controversias excitadas por estos mismos libros. Entre los defensores de Erasmo los hubo de buena fe y muy ortodoxos. Tampoco sus adversarios carecían de autoridad ni de crédito. Si de una parte estaban el arzobispo Fonseca, fray Alonso de Virués, Juan de Vergara (los cuales, sin aprobar cuanto Erasmo decía, tiraban a disculparle, movidos de su amistad y del crédito de sus letras), lidiaban por el otro bando Diego López de Stúñiga, Sancho Carranza de Miranda y después Carvajal y Sepúlveda. Las fuerzas eran iguales, pero la cuestión no debía durar mucho, porque los acontecimientos se precipitaron, y tras de Erasmo vino Lutero, con lo cual fue cosa arriesgada el titularse erasmista. De los que en España seguían esta voz y parcialidad, muy pocos llegaron a las extremas consecuencias: quizá Pedro de Lerma y Mateo Pascual; de seguro Alfonso de Valdés y Damián de Goes. Entrambos están a dos pasos del luteranismo, a pesar de sus timideces y vacilaciones. El secretario de Carlos V mostró bien a las claras sus opiniones religiosas en el Diálogo de Lactancio y en muchos de sus actos políticos. En cuanto al cronista de Portugal, su proceso aclara bastante cuáles fueron sus tendencias.

Pero el primero que resueltamente se lanzó en los torcidos caminos del libre examen fue Juan de Valdés, la figura más noble y simpática y el escritor más elegante entre los herejes españoles. Si empezó, como todos, por burlas y facecias contra Roma en el Diálogo de Mercurio y Carón, pronto hubo de hastiarse de las ideas de los primeros reformadores, para profesar un nuevo género de ascetismo, y, aplicando con todo rigor el principio de la interpretación individual de las Escrituras, fue tildado de unitario, aunque lo nieguen con ahínco los protestantes ortodoxos. En manos de Valdés se transforma y latiniza en lo posible el protestantismo rudo y escolástico de los alemanes, haciéndose en la forma dulce, poético y halagador, como acomodado a los oídos de la bella y discretísima Julia Gonzaga, Diótima de este nuevo Sócrates. Y poética fue hasta su manera de enseñar en la ribera de Chiaja, delante de aquel espléndido golfo de Nápoles, donde juntó la naturaleza todas sus armonías.

A esta primera generación de protestantes españoles pertenece el helenista Francisco de Enzinas, discípulo de Melanchton y hombre de peregrinas aventuras, que en parte describió él mismo; el doctor Juan Díaz, Jaime de Enzinas y Francisco de San Román, primeras víctimas de estas alteraciones. Pero a todos oscurece Miguel Servet, el pensador más profundo y original que salió de aquel torbellino, la verdadera encarnación del espíritu de rebeldía y aventura que seguían otros con más timidez y menos lógica. Sacrificóle la intolerancia protestante, el libre examen asustado ya de su propia obra y sin valor para arrostrar las consecuencias.

Ocasión será, cuando de Servet hablemos, para investigar los orígenes de su doctrina teológica, los caracteres que la separan y distinguen del socinianismo y demás herejías antitrinitarias; y apreciar a la vez el elemento neoplatónico visible en su teoría del Logos, y las semejanzas y diferencias de este panteísmo con los demás que presenta la historia de la filosofía, y en especial de la nuestra. En lo que hace al antitrinitarismo, un solo discípulo tuvo Servet en el siglo XVI: el catalán Alfonso Lincurio, de quien apenas sabemos más que el nombre.

Todos los protestantes hasta aquí mencionados y que forman el primer grupo (dado que Servet y Lincurio hacen campo aparte) dogmatizaron, escribieron y acabaron su vida fuera de España. Pero la Reforma entró al poco tiempo en la Península, constituyendo dos focos principales: dos iglesias (aunque sea profanar el nombre, que aquí tomo sólo en su valor etimológico), la de Valladolid y la de Sevilla. La primera, dirigida por el doctor Cazalla, tuvo ramificaciones e hijuelas en Toro, Zamora y otras partes de Castilla la Vieja, distinguiéndose entre sus corifeos el bachiller Herrezuelo.

En Sevilla fue el primer dogmatizador y heresiarca un fanático, Rodrigo de Valer, con quien anduvo la Inquisición muy tolerante. Levantóse después gran llamarada, merced a las ambiciones frustradas del doctor Egidio, a la activa propaganda de Juan Pérez y de su emisario Julián Hernández y a los sermones del doctor Constantino.

Dos autos de fe en Sevilla, otros dos en Valladolid, deshicieron aquella nube de verano. La ponderada efusión de sangre fue mucho menor que la que en nuestros días emplea cualquier gobierno liberal y tolerante para castigar o reprimir una conspiración militar o un motín de plazuela.

Los fugitivos de Sevilla buscaron asilo en Holanda, en Alemania o en Inglaterra. Desde allí lanzaron Casiodoro de Reina, Antonio del Corro, Cipriano de Valera, Reinaldo González de Montes sus versiones bíblicas y sus libelos vengadores. Pero la causa que defendían estaba del todo vencida en España y sus esfuerzos y protestas fueron inútiles.

Al lado de la Reforma, y favorecidas a veces por ella, habían levantado la cabeza las misteriosas sectas alumbradas con su falso y enervado misticismo y su desprecio de la jerarquía y de las ceremonias externas. Los sucesivos procesos de Toledo, Extremadura, Sevilla y otras partes denuncian la existencia de diversos centros de herejía y de inmoralidad, que apenas destruidos retoñaban como las cabezas de la Hidra. No bastaron a extirparlas todos los esfuerzos del Santo Oficio.

El siglo XVII es en todo una secuela del anterior. Sólo hay que notar, fuera de algunos protestantes como Nicolás Sacharles, Tejada, Juan de Luna, Salgado... (voces perdidas y sin consecuencia), un como renacimiento de las doctrinas iluminadas reducidas a cuerpo de sistema por Miguel de Molinos. El quietismo vino a reproducir en medio de la Europa cristiana las desoladoras teorías de la aniquilación y del nirvana oriental. Los protestantes batieron palmas, y vieron un auxiliar en el molinosismo: documentos hay que lo acreditan. Roma condenó el error y castigó a sus fautores. En España tuvo menos séquito que en otras partes.

Judaizantes y moriscos, los plomos del Sacro-Monte y los librepensadores y deístas refugiados en Amsterdam (Prado, Uriel da Costa, etc.) acaban de llenar el cuadro de esta época de decadencia y de residuos[36]. Las artes mágicas, que parecieron llegar a su punto culminante en el Auto de Logroño, fueron descendiendo en el transcurso de aquel siglo.

En el XVIII los protestantes son pocos y de ninguna cuenta (Alvarado, Enzina, Sandoval); los alumbrados y molinosistas se hacen cada día más raros; de tiempo en tiempo viene algún proceso de monjas o beatas más o menos ilusas a renovar estas viejas memorias. Pero el influjo francés traído por el cambio de dinastía nos regala:

1. º El jansenismo-regalista, no sin algún precedente en los tiempos de la dinastía austríaca.
2. º El enciclopedismo, que se muestra de diversos modos, y más o menos embozado, en las letras, en las sociedades económicas y en las esferas administrativas.
3. º Las sociedades secretas, poderoso instrumento de la secta anterior.

Pereira, Campomanes, Aranda, Olavide, Cabarrús, Urquijo, Marchena, Llorente... cifran y compendian estas varias direcciones. Todas ellas se habían dado la mano en hechos como el de la expulsión de los jesuitas.
Los treinta y tres primeros años de la centuria presente son mera consecuencia y prolongación de la anterior. El jansenismo y el enciclopedismo tornan a campear en las Cortes de Cádiz y en el período constitucional del 20 al 23. El protestantismo apenas alcanza más que dos adeptos, entrambos por despecho, e hijos los dos de la incredulidad: Blanco (White) y don Juan Calderón. Uno y otro se apartaron luego de la ortodoxia reformada para caer en el unitarismo y en el protestantismo liberal, respectivamente.
Del reinado de doña Isabel II, de la era revolucionaria y de los sucesos posteriores, nada he de decir hasta que lleguen tiempo y sazón oportunos. El hecho capital, en el orden filosófico, es la propagación del panteísmo germánico. Pero además de esto, casi todas las opiniones y tendencias, ya graves, ya risibles, que en Europa ha engendrado esta época de intelectual desorden, han llegado (generalmente tarde y mal) a nuestro suelo con lances y peripecias curiosísimas. Dénos Dios vida y salud para entrar en esta postrera parte de nuestra historia, y serenidad bastante para no convertirla en sátira ni tocar los límites de la caricatura.
Las fuentes de esta historia son muchas y variadas; pero pueden reducirse a las clases siguientes:

1. ª Las obras mismas de los heterodoxos cuando éstas han llegado a nuestros días, cual acontece con algunas de Elipando, Claudio de Turín, Gundisalvo, Arnaldo de Vilanova y Pedro de Osma, y con las de casi todos los herejes e impíos posteriores a la invención de la imprenta[37].

2. ª Las obras de sus impugnadores, por ejemplo las de Beato y Heterio para Elipando, el Apologético del abad Samsón para Hostegesis.
3. ª Las obras anteriores sobre el asunto, cuales las de M'Crie, A. de Castro, Usoz, Wiffen, Boehmer, etc. ; las biografías de cada uno de los heterodoxos y los principales diccionarios y catálogos bibliográficos, antiguos y modernos, españoles y extranjeros.
4. ª Los Índices expurgatorios del Santo Oficio.
5. ª Casi todas las obras y papeles relativos a la historia de la Inquisición desde el Directorium de Eymerich en adelante.
6. ª Los procesos anteriores y posteriores a la Inquisición, con otros documentos análogos; v. gr. : las actas de la Congregación que condenó a Pedro de Osma.
7. ª Los tratados generales contra las herejías y acerca del estado de la Iglesia; por ejemplo, el Collyrium fidei y el De planctu Ecclesiae, de Álvaro Pelagio; la obra De haeresibus de fray Alfonso de Castro, etc.
8. ª Los tratados de demonología y hechicería.
9. ª Las historias eclesiásticas de España y las colecciones de concilios.
10. ª Las historias generales y ciertas obras en que ni por asomo pudiera esperarse hallar nada relativo a esta materia. Inclúyese virtualmente en esta sección todo libro o papel que no lo estuviese en ninguna de las anteriores[38].

No hay para qué entrar en más pormenores. Cada capítulo lleva en notas una indicación de las fuentes impresas o manuscritas, conocidas o incógnitas, de que me he servido.

En lo demás, ahí está el libro y él responderá por mí. Aunque no he querido convertirle en museo de rarezas, pienso que lleva noticias harto nuevas en muchos parajes, y que excita, ya que no satisface, la curiosidad, sobre puntos oscuros y de curiosa resolución. Si en otras partes no va tan completo como yo deseara, cúlpese antes a mi poca fortuna que a mi diligencia. A los buenos católicos sobre todo, a los buenos españoles (fruta que cada día escasea más) y a los bibliófilos que no son bibliótafos (otra especie rara), les ruego encarecidamente que me ayuden con sus consejos y noticias. Ninguna estará de más para el trabajo de que hoy ofrezco las primicias.

Convencido del interés del asunto y de la bondad de la causa que sustento, no he perdonado ni perdono empeño ni fatiga que al logro de mi deseo conduzca. He recorrido y recorro las principales bibliotecas y archivos de España y de los países que han sido teatro de las escenas que voy a describir. No rehúyo, antes bien busco el parecer y consejo de los que más saben. Dénmele de buena fe, que sinceramente le pido.

¡Déme Dios, sobre todo, luz en el entendimiento y mansa firmeza en la voluntad, y enderece y guíe mi pluma, para narrar sine ira et studio la triste historia del error entre las gentes peninsulares! ¡Haga Él que esta historia sirva de edificación y de provecho, y no de escándalo, al pueblo cristiano!

Bruselas, 26 de noviembre de 1877.

NOTAS

1. El plan, bastante detallado y dividido por capítulos, había aparecido en la Revista Europea (1876), tomo 8, páginas 459-485 y 522. Allí están también algunos párrafos del primitivo prólogo que refundí y amplié un año después. Para entonces había escrito ya los primeros capítulos. Téngase en cuenta esta indicación cronológica para juzgarlos con la indulgencia que necesitan.
2. Historie de l'Église par S. E. le Cardinal Hergenroether. Trad. de padre Belet (París, ed. V. Palmé, 1880), tomo 1, página 8.
3. DION PETAVII, S. I., Opus de theologicis dogmatibus (París 1644 y siguientes), 6 volúmenes en folio. Hay varias ediciones posteriores aumentadas y anotadas por católicos y protestantes. La más estimada es la de Venecia,1757, en que el Opus aparece in meliorem ordinem redactum et locupletatum por el padre Zaccaria.
   LUDOVICI THOMASSINI (de la Congregación del Oratorio), Dogmata theologica (París 1684 y siguientes), 3 tomos en folio.
4. Véanse especialmente los tratados De scientia, ideis, veritate ac vita Dei (1629), De voluntate Dei et propriis actibus eius (1630), De providentia Dei (1631), De praedestinatione et reprobatione hominum et angelorum (1629), De Trinitate (1625) y varios otros de este insigne jesuita, que procuró unir la teología positiva con la escolástica más que ninguno de sus contemporáneos.
   De Montoya dijo KLEUTGEN (Theologie der Vorzeit vol. últ. n. 44); «Ganz besonders aber zeichnete sich durch Verbindung der positiven Theologie mit der Scholastik im Anfange des 17 Jahrhunderts der Spanier don Ruiz von Montoya aus.»
   Apud HURTER, Nomenclator literarius recentioris Theologiae catholicae theologos exhibens qui inde a Concilio Tridentino floruerunt... (Innsbruck [Oeniponti] 1871), tomo 1, página 520.
   A mediados del siglo XVIII, otro padre de la Compañía, el catalán Juan Bautista Gener, proyectó y en parte realizó el plan de una vastísima enciclopedia teológico-escolástica, dogmática, positiva y moral, incluyendo en ella concilios, herejías, escritores, monumentos sagrados y profanos, epigráficos y numismáticos, etc.
   Además del proyecto o Prodromus hay impresos seis volúmenes, que hoy yacen olvidados como tantos y tantos loables esfuerzos de aquella centuria.
5. «Etenim viri omnes consentiunt rudes omnino Theologos illos esse in quorum lucubrationibus historia muta est. Mihi quidem non Theologi solum, sed nulli satis eruditi videntur, quibus res olim gestae ignotae sint. Multa enim nobis e thesauris suis historia

suppeditat, quibus si careamus, et in Theologia et in quacumque ferme alia facultate inopes saepenumero et indocti reperiemur... Quis est hic qui neget, interdum etiam in scholastica disputatione opus esse ex annalium monumentis testes excitare clarissimos veritatis?» (De locis theologicis 1. 11 c. 2).

6. HERGENROETHER, Hist. Ecl. I, página 60.

7. Además de los nombres citados en el texto es imposible omitir, aunque no sea ésta ocasión de aquilatar sus méritos, los de Juan de Grial, Alvar Gómez de Castro, el insigne toledano Pedro Chacón, los dos hermanos don Diego y don Antonio de Covarrubias, Pedro de Fuentidueñas, Miguel Tomás Taxaquet, don Juan Bautista Cardona, el padre Cipriano Suárez y el mismo Mariana, menos conocido por sus trabajos de erudición que por su grande y popular Historia.

8. Hubo un ensayo de Historia eclesiástica de España, el de don FRANCISCO DE PADILLA (Málaga 1605), que en dos tomos alcanza hasta el siglo VIII; pero es tan endeble que apenas puede prestar hoy utilidad alguna. No así la Historia pontifical y católica de GONZALO DE ILLESCAS (1574), continuada sucesivamente por Luis de Bavia, don Juan Baños de Velasco y fray Marcos de Guadalajara; pues aunque en las biografías de los Papas no es más que una compilación, en elegante estilo, de Platina y otros, y presenta mezcladas la historia eclesiástica y la civil, tiene verdadero interés para las cosas de su tiempo.

9. Algo de esta preocupación se trasluce todavía en el discurso de don José Caveda Sobre el desarrollo de los estudios históricos en España desde el reinado de Felipe V hasta el de Fernando VII, leído en la Academia de la Historia en 18 de abril de 1854.

10. Para no hacer interminable esta enumeración, omito otros aspectos de nuestra cultura histórica, dignos de ser considerados aparte, como los estudios sobre América (Barcia, Ulloa, Muñoz...), los de geografía física, viajes e historia de la náutica (Tofiño, Vargas Ponce, Navarrete, Antillón...); las descripciones e historias particulares de algunas regiones, ciudades y pueblos, como el gran libro del botánico Cavanilles sobre Valencia, el de Loperráez sobre el obispado de Osma, el de Viera y Clavijo sobre las Canarias, el de don Ignacio López de Ayala sobre Gibraltar; el desarrollo de la bibliografía general (Pérez Bayer, Rodríguez de Castro), y de la provincial (Ximeno, Latassa), y la empresa, temeraria sin duda, de los Ppadre Mohedanos, que por lo menos ilustraron doctamente la literatura de la España romana.

11. Disertaçoes Chronologicas e Criticas sobre a Historia e Jurisprudencia Ecclesiastica e Civil de Portugal por orden da Academia R. das Sciencias de Lisboa... (Lisboa 1810-1836) 5 tomos.

La erudición portuguesa del siglo XVIII contribuyó dignamente a la ilustración de los anales hispánicos, primero con las voluminosas publicaciones de la Academia Real da Historia, fundada en 1720 (Antonio Caetano de Sousa, José Soares de Silva, el gran bibliógrafo Diego Barbosa Machado el historiador de los Templarios doctor Alejandro Ferreira...), después con las más críticas y elaboradas de la Academia Real das Sciencias, que comenzó sus tareas en 1780. Las Memorias de Litteratura de esta Academia, que son históricas en su mayor parte, los Inéditos de historia portuguesa y otras varias publicaciones académicas honrarán siempre los preclaros nombres de Ribeiro, de Correia da Serra, de Antonio Caetano do Amaral, que comparte con Martínez Marina la gloria de haber estudiado por primera vez las instituciones sociales de los siglos medios; de José Anastasio de Figueiredo, del benemérito Santo Rosa de Viterbo, autor del utilísimo Elucidario, en quien tuvieron los portugueses un pequeño Ducange que aquí no logramos, etc.

Estos eruditos vivían en frecuente comunicación con los nuestros. La Academia Valenciana, de que era alma don Gregorio Mayans, buscó a veces el amparo y sombra de la Academia Portuguesa del conde da Ericeira, especialmente en su lucha contra los falsos cronicones. Mayans dedicó en 1742 al rey don Juan V la Censura de historias fabulosas de don NICOLÁS ANTONIO, y en 1747 hizo imprimir en Lisboa, por medio del docto patriarca don Francisco de Almeida Mascareñas, las Disertaciones eclesiásticas del MARQUÉS DE MONDÉJAR. Pérez Bayer, Cornide y el padre Sánchez Sobrino extendieron sus viajes literarios y arqueológicos a Portugal, y el portugués Ferreira Gordo trabajó en las bibliotecas y archivos de Madrid.

Aunque en Portugal se publicaron durante el siglo XVIII, especialmente en tiempo de Pombal, bastantes libros de cuestiones canónicas, casi todos tienen un carácter polémico, ultrarregalista y jansenista (Antonio Pereira, Seabra da Silva...). Las obras de historia eclesiástica no son muchas, y ninguna puede competir con la España Sagrada, ni siquiera con el Teatro de las iglesias de Aragón del padre HUESCA. Las más extensas y útiles para nosotros son las Memorias para a historia ecclesiastica do Arcebispado de Braga, de don JERÓNIMO CONTADOR DE ARGOTE (1732-1744); la Historia da Sancta Inquisiçao do Reyno de Portugal, de FR. PEDRO MONTEIRO (1749), que sólo llega hasta principios del siglo XVI, y contiene muchas cosas impertinentes a su asunto; las obras impresas y manuscritas del sabio obispo de Beja fray Manuel do Cenaculo, que fue por sí solo una academia entera; las Memorias de Antonio Ribeiro dos Sanctos sobre la literatura sagrada de los judíos portugueses y sobre las traducciones de la Biblia; la de Juan Pedro Ribeiro sobre la época de la introducción del derecho de las Decretales en Portugal; la esmerada edición de los Cánones y opúsculos de San Martín Bracarense, publicada, bajo los auspicios del arzobispo Brandao, por A. C. DE AMARAL, con amplio y erudito comentario (1803); el Catálogo de los códices de Alcobaza, del cisterciense FR. FORTUNATO DE SAN BUENAVENTURA (1827), y los tres tomos de Inéditos portugueses de los siglos XIV y XV que le sirven de complemento (1829).

12. Véanse, como muestra, los dos tomos de disertaciones (muchas de ellas concernientes a la historia eclesiástica) que, con el título de Antigüedades de Valencia por fray Josef Teixidor, figuran en la colección, desgraciadamente interrumpida, de los Monumentos históricos de Valencia y su reino, dirigida por don Roque Chabás (Valencia, 1895 y 1896).
13. Véanse sus respectivos artículos en el Diccionario de escritores catalanes de TORRES AMAT (1836), que para los autores del siglo XVIII es excelente.
14. E insigne cultivador, además, de las ciencias históricas en temas muy diversos, como lo acreditan el Periplo de Hannon, las Disertaciones sobre los Templarios, los apéndices de la Educación popular, que tanto enseñan sobre nuestra historia económica, y la misma Regalía de amortización, que está muy bien documentada. Salvo sus opiniones canónicas, de que a su tiempo hablaremos, fue uno de los españoles más ilustres y beneméritos del siglo XVIII.
15. Una de las principales tareas en que se empleó la actividad de nuestros eruditos de la decimoctava centuria fue la edición crítica de nuestra antigua colección canónica. Es cierto que no llegaron a ser del dominio público los gigantescos trabajos del padre Burriel, de los cuales puede uno formarse idea por la carta que desde Toledo dirigió al padre Rábago en 30 de diciembre de 1754 (Cartas eruditas y críticas del padre Andrés Marcos Burriel, publicadas por VALLADARES, sin año, páginas 229-278), y por el opúsculo de LA SERNA, Santander, Praelatio historico-critica in veram et genuinam collectionem veterum Canonum Ecctesiae Hispaniae (Bruselas 1800). Ni llegaron tampoco a realizarse en toda su amplitud los que anuncia la Noticia de las antiguas y genuinas colecciones canónicas inéditas de la Iglesia española, del bibliotecario don PEDRO LUIS BLANCO (1798). Pero a la Real Biblioteca, hoy Nacional, y a su director don Francisco Antonio González se debió, por fin, la edición muy apreciable de 1808,

que no entró en circulación hasta 1821. Del saber y fina crítica de nuestros canonistas del siglo XVIII son excelente muestra los tres tomos de don VICENTE GONZÁLEZ ARNAO sobre las Colecciones de cánones griegos y latinos (1739).

16. Ildephonsi Clementis de Arostegui de Historia Ecelesiae Hispaniensis excolenda exhortalio ad Hispanos, habita in palatio C. M. Reg. Hisp. Rom. XII Kal. Sept. MDCCXLVII
Esta oración, ya rara, está reimpresa en los apéndices del tomo 1 de la Historia Eclesiástica de España de don VICENTE DE LA FUENTE, 2. ª ed., páginas 285-292.
Fue como la inaugural de una pequeña Academia de Historia Eclesiástica, que formaron los españoles residentes en Roma, y a la cual se debieron algunas buenas disertaciones, que ya se irán mencionando en el curso de esta obra. Es lástima que tuviese vida tan efímera esta institución, de la cual hubiera podido salir un trabajo que enmendase los graves errores del de CAYETANO CENNI, De antiquitatibus Ecclesiae Hispaniae dissertationes (1741), en que la amanerada retórica del estilo encubre mal la aviesa parcialidad contra las tradiciones de nuestra Iglesia.

17. Ses. 23 c. 23: Cum adolescentium aetas, nisi recte instituatur, prona sit ad mundi voluptates sequendas...

18. La erudición española del siglo XVIII nada importante produjo en materia de historia eclesiástica general, salvo tal cual monografía de los jesuitas desterrados a Italia. La Historia de la Iglesia y del Mundo del bibliotecario don GABRIEL ÁLVAREZ DE. TOLEDO, ni por semejas corresponde a su ambicioso título, puesto que el único tomo publicado (1713) no alcanza más que hasta el diluvio. Como libro filosófico y teológico no carece de interés aunque su composición es tan extravagante como su estilo.

19. Apenas merecen tomarse en cuenta las Antigüedades eclesiásticas de España en los cuatro primeros siglos de la Iglesia, de FR. PABLO DE SAN NICOLÁS (Madrid 1725), porque, atendida su fecha, tienen todavía menos importancia que la obra de Padilla.
Puede considerarse también como un conato de historia eclesiástica, puesto que pertenecen a ella la mayor parte de sus capítulos, el primer tomo (único publicado) de la Historia de España vindicada, de don PEDRO PERALTA BARNUEVO (Lima 1730), polígrafo peruano de más erudición que crítica, pero notablemente instruido para su tiempo. La portada de este libro, raro en Europa como casi todos los impresos en Indias, anuncia que en él se «fijan las más ciertas épocas o raíces del nacimiento de Nuestro Salvador; se defiende irrefragablemente la venida del apóstol Santiago, la aparición de Nuestra Señora al Santo en el Pilar de Zaragoza y las translaciones de su sagrado cuerpo. Se vindica su historia primitiva eclesiástica, la de San Saturnino, San

Fermín, Osio y otros sucessos. Se refieren las persecuciones, los mártyres y demás santos, los concilios y progresos de la religión hasta el siglo VI.»

20. Como el cargo es grave, conviene puntualizarle, para lo cual bastarán dos o tres ejemplos:

A. FOUILLÉE (Esquisse psychologique des peuples européens [París 1903], páginas 167-168): «Suivant la tradition populaire, à l'origine du monde, l'Espagne demanda au Créateur un beau ciel, elle l'obtint; une belle mer, de beaux fruits, de belles femmes, elle l'obtint encore -un bon gouvernement? Non, ce serait trop, et l'Espagne serait alors un paradis terrestre.» Mais ce ne fut pas seulement de bons gouvernants qui furent refusés à l'Espagne; ce furent aussi, trop souvent, des hommes gouvernables. Ferdinand le Catholique s'en plaignait à Guichardin, ambassadeur auprès de lui: «Nation très propre aux armes, disait-il, mais desordonnée, où les soldats son meilleurs que les capitaines et où l'on s'entend mieux à combattres qu'à commander et à gouverner.» Et Guichardin ajoute, dans sa Relazione di Spagna: «C'est peut-être par ce que la discorde est dans le sang des Espagnols, nation d'esprits inquiets, pauvres et tournés aux violences.» Ce portrait, de nos jours, n'a pas encore perdu toute sa verité...»

DOM LECLERCQ (L'Espagne chrétienne, página XXIII): «A l'origine du monde, raconte une légende, l'Espagne demanda au Créateur un beau ciel... etc.» Y sigue copiando las dieciséis líneas de Fouillée, con dos variantes solas, de las cuales la primera tiene gracia: en vez de belles femmes, el pudibundo benedictino escribe belles épouses: sin duda las españolas no casadas pueden ser feas impunemente.

FOUILLÉ (página 145): «Durs pour les animaux domestiques, durs pour les hommes, durs pour eux-mêmes, c'est par l'absence de bonté sympathique et sociable qu'ils contrastent avec: d'autres peuples. Cette dureté est un des signes caractéristique de la race ibère et berbère, comme de la race sémitique, telle que nous la montrent sur tout les Phéniciens. Les Espagnols se croyaient bien différents des Maures- au point de vue ethnique, ils en étaient déjà très voisins. Ils n'ont pas reçu assez d'éléments celtiques et germaniques pour avoir le douceur dans le sang; ils sont demeurés Africains, et ces Occidentaux sont aussi des Orientaux. Leur insensibilité, dont les Indiens conquis firent l'épreuve, alla souvent jusqu'à la cruauté froide et à la férocité. Les peintres eux-mêmes se plaisent à représenter des supplices.»

DOM LECLERCQ (página XXVII): «Durs pours les animaux domestiques, durs pour les hommes, durs pour eux-mêmes etc., etc.» Catorce líneas plagiadas sin cambiar una palabra. Lo único que hace Dom Leclercq es reforzar más y más el miso-hispanismo de Fouillée, añadiendo no sé si de su cosecha o tomadas de otra parte, frases con ésta: il (l'espagnol) met en toutes choses une passion de hête déchaînée, furieuse, dépourvue de vastes horizons intellectuels et de réflexion... n'a plus qu'une sensibilité de tête qui est l'égoïsme farouche.

¡Y quien estas atrocidades escribe es un benedictino y las firma en la abadía de Farnborough, donde él y sus hermanos reciben asilo y espléndida protección de una gran señora andaluza, de trágico y memorable destino en los anales del mundo!

Pero hacemos mal en indignarnos con un historiador, de cuya formalidad puede juzgarse por este rasgo sobre nuestro gran poeta Prudencio: «Prudence ce tarit plus dès qu'il parle gril, tenailles, pinces et chaudières dix siècles plus tard il partagerait sont temps entre les courses de taureaux et les auto-da-fe. Il faut plaindre ceux qui ont à gourverner de pareilles gens.» A quien hay que compadecer es al público que lee tales tonterías porque están escritas en francés.

El capítulo de Fouillée que Dom Leclercq ha entrado a saco es una rapsodia atropellada e incoherente, como casi todo lo que se ha escrito de sociología española. Fouillée es un metafísico de gran talento, pero sus trabajos de psicología étnica no pueden tomarse en serio porque están improvisados sin preparación histórica, y respecto de España lo ignora todo: la lengua, la literatura, las costumbres. Una sola frase castellana de seis palabras cita, y dos de ellas están groseramente alteradas (página 164). Tal es el oráculo de Dom Leclercq en materia de psicología española.

Es frase proverbial y muy gastada ya la de llamar obras de benedictino a las trabajadas con mucho esmero. De benedictino es la de Dom Leclercq, pero de un benedictino que no parece ni prójimo siquiera de Dom Mabillon y Dom Montfauçon. Corruptio optimi pessima.

21. [Las notas añadidas en esta segunda edición van en negrita. Las de la primera, en redonda. (N. del E.)]

22. Todos los libros que en este prólogo y en el anterior rápidamente se mencionan, están descritos en el curso de la obra con las necesarias indicaciones bibliográficas.

23. «Historia Reformationis non paucis defectibus laborat. Insigni igitur utilitate, quamvis multo labore, historiam Hispanorum Protestantium conscribi posse mihi certe persuadeo. Quamvis enim libri huius commatis rarissimi esse soleant, ex rivulis tamen, si non fontibus, hinc, et inde latentibus, nonnulli meo quidem iudicio deduci possent quae non contemnendam lucem historiae reformationis universali affundere posse in propa-

tulo est» (J. GOTTFRIED LESSING, De fidei confessione quam Protestantes Hispania electi, Londini 1559 ediderunt [Lipsiae 1730], página 17).

24. Traducida al alemán por Gustavo Plieninger (Stuttgart 1835), con algunas adiciones.

25. Algo más pudiera decirse en elogio de la obra de M'Crie, que, en general, está mejor compuesta que la de don Adolfo de Castro y contiene bastantes noticias omitidas por éste.

26. Falleció en 1898.

27. Traducida al inglés por Tomás Parker y publicada simultáneamente con el original (Londres 1851) y al alemán por el doctor Enrique Hertz (Francfort 1866).

28. «En fin, j'ai fait quelque emprunts à l'Histoire des protestants espagnols, de M. de Castro, où l'on regrette que des recherches infiniment curieuses soient mêlées à des assertions hasardées et à des jugements inspirés par l'esprit de système» (don Carlos et Philippe II, par MR. GACHARD [Bruselas 1863], tomo 1, página XX).

29. Falleció este insigne filólogo en 1905, poco después de haber publicado el tercer volumen de la Bibliotheca Wiffeniana. El segundo había aparecido en 1883. Adicionó Boehmer la colección de Usoz con tres tomos más de obras de Juan de Valdés y uno del doctor Constantino (1880-1881), descubiertos por él en las bibliotecas de Viena y Munich, y publicó otros varios documentos que se especificarán en sus lugares respectivos. Hizo en sus Romanische Siudien (1881 y 1895) ediciones críticas del Diálogo de Mercurio y Carón y del Diálogo de la lengua, que mejoraron las de Usoz. No ha habido erudito más benemérito de la historia literaria del protestantismo español.

30. Segunda edición (1873-1875).

31. Hay que guardarse de confundir el cisma y la herejía con las disidencias escolásticas que sólo versan sobre la forma de la ciencia teológica sin alterar su contenido, ni con opiniones y controversias que no hayan sido expresa y doctrinalmente resueltas por la Iglesia. Pero como en la historia eclesiástica todo se enlaza, y las herejías no pueden exponerse aisladamente, algo habremos de tratar del movimiento general de las ideas religiosas en cada época, sin que por eso tengamos la temeridad de poner la nota de heterodoxia sobre nadie cuando la Cátedra infalible de la Verdad no ha condenado su doctrina. Esta advertencia es particularmente necesaria tratándose de ciertos personajes de los siglos XVIII y XIX, que ostensiblemente no se apartaron de la comunión católica, pero cuyos actos, ideas y escritos me parecen censurables dentro de mi criterio histórico, que aplico con toda libertad y franqueza. Ningún particular, y menos yo, persona laica e incompetente, puede dar

ni quitar patentes de ortodoxia a nadie. Las calificaciones de este libro no tienen, por consiguiente, más valor que el de mi propio juicio y el de los documentos en que me apoyo. No tengo la vana presunción de haber logrado el acierto, pero he procurado aplicar a la materia que trato aquellas sapientísimas reglas de crítica que Benedicto XIV dio a los censores de libros en su egregia constitución Sollicita et provida.

«III. De variis opinionibus, atque sententiis in unoquoque libro contentis, animo a praeiudiciis omnibus vacuo, iudicandum sibi esse sciant. Itaque nationis, familiae, scholae, instituti affectum excutiant; studia partium seponant; Ecclesiae sanctae dogmata, et communem catholicarum doctrinam, quae conciliorum generalium decretis, romanorum Pontificum constitutionibus, et orthodoxorum patrum, atque doctorum consensu continetur, unice prae oculis habeant: hoc de caetero cogitantes, non paucas esse opiniones, quae uni scholae, instituto, aut nationi certo certiores videntur, et nihilominus, sine ullo fidei, aut religionis detrimento, ab aliis catholicis viris reiiciuntur, atque impugnantur, oppositaeque defenduntur, sciente ac permittente Apostolica Sede, quae unamquamque opinionem huiusmodi in suo probabilitatis gradu relinquit.

IV. Hoc quoque diligenter animadvertendum monemus haud rectum iudicium de veto auctoris sensu fieri posse, nisi omni ex parte illius liber legatur, quaeque diversa in locis posita, et collocata sunt inter se comparentur; universum praeterea auctoris consilium, et institutum attente dispiciatur, neque vero ex una, vel altera propositione a suo contextu divulsa, vel seorsim ab aliis, quae eodem libro continentur, considerata et expensa, de ea pronuntiandum esse; saepe enim accidit, ut quod ab auctore in aliquo operis loco perfunctorie, aut suboscure traditum est, ita alio in loco distincte, copiose ac dilucide explicatur, ut offusae priori sententiae tenebrae quibus involuta pravi sensus speciem exhibebat, penitus dispellantur, omnisque labis expers propositio dignoscatur.

V. Quod si ambigua quaedam exciderint auctori; qui alioquin catholicus sit, et integra religionis, doctrinaeque fama, aequitas ipsa postulare videtur, ut eius dicta benigne, quantum licuerit, explicata, in bonam partem accipiantur.»

32. Después, y con mejor acuerdo, para que la obra no resultase interminable y ya sin interés, preferí tomar por límite la Constitución de 1876, que estableció la tolerancia religiosa, y esta misma fecha conservo en la presente reimpresión.

33. Hoy me parece averiguado que el autor de este libro y de otros no menos curiosos fue Cristóbal de Villalón. Pero no le tengo por protestante, sino por erasmista, como intentaré probar cuando trate de su vida y obras.

34. Sobre la utilidad de las herejías deben meditarse estos dos pasajes de Tertuliano y Orígenes.

TERTULIANO (De praescript. c. 1): «Ad hoc enim sunt (haereses) ut fides habendo tentationem, haberet etiam probationem. Vane ergo et inconsiderate plerique hoc ipso scandalizantur, quod tantum haereses valeant quantum si non fuissent.»

ORÍGENES (Homilia IX in Num.). «Nam si doctrina ecclesiastica simplex esset, et nullis intrinsecus haereticorum dogmatum assertionibus cingeretur, non poterat tam clara et tam examinata videri fides nostra. Sed idcirco doctrinam catholicam contradicentium obsidet oppugnatio, ut fides nostra non otio torpescat, sed exercitiis elimetur.»

35. No quiero decir que Recafredo fuera heterodoxo, sino que su debilidad fue causa de apostasías.

36. Es muy de advertir la propensión de los judaizantes de esta era al panteísmo y al deísmo. Con tales antecedentes se explica bien la aparición de Benito Espinosa y de David Nieto (aunque escudado con la ortodoxia judaica el segundo). Ni uno ni otro entran, sin embargo, en esta historia, no por haber nacido fuera de España, puesto que eran españoles de familia y lengua, sino por no haber sido nunca cristianos, ni por consiguiente herejes. ESPINOSA escribió en castellano la Apología de su abdicación de la sinagoga, refundida después en el Tractatus theologico-politicus.

37. Para los primeros siglos de la Iglesia es obra fundamental el Corpus haereseologicum de OEHLER.

38. Sólo en último término debe recurrirse a los diccionarios y compilaciones, aunque algunas hay de mérito, como la antigua del abate PLUQUET, Mémoires pour servir a l'histoire des égaremens de l'esprit humain par rapport à la religión chrétienne, ou dictionnaire des héresis (París 1762-1764; 2. ª ed. 1817-1818), y el bien conocido Diccionario de MIGNE, de1 cual existe un rifacimento español en siete volúmenes (Diccionario de las herejías, errores y cismas... [Madrid 1850-1851]. Forma parte de la Biblioteca Religiosa).

LIBROS A LA CARTA

A la carta es un servicio especializado para
empresas,
librerías,
bibliotecas,
editoriales
y centros de enseñanza;
y permite confeccionar libros que, por su formato y concepción, sirven a los propósitos más específicos de estas instituciones.

Las empresas nos encargan ediciones personalizadas para marketing editorial o para regalos institucionales. Y los interesados solicitan, a título personal, ediciones antiguas, o no disponibles en el mercado; y las acompañan con notas y comentarios críticos.

Las ediciones tienen como apoyo un libro de estilo con todo tipo de referencias sobre los criterios de tratamiento tipográfico aplicados a nuestros libros que puede ser consultado en www.linkgua-digital.com.

Linkgua edita por encargo diferentes versiones de una misma obra con distintos tratamientos ortotipográficos (actualizaciones de carácter divulgativo de un clásico, o versiones estrictamente fieles a la edición original de referencia).

Este servicio de ediciones a la carta le permitirá, si usted se dedica a la enseñanza, tener una forma de hacer pública su interpretación de un texto y, sobre una versión digitalizada «base», usted podrá introducir interpretaciones del texto fuente. Es un tópico que los profesores denuncien en clase los desmanes de una edición, o vayan comentando errores de interpretación de un texto y esta es una solución útil a esa necesidad del mundo académico.

Asimismo publicamos de manera sistemática, en un mismo catálogo, tesis doctorales y actas de congresos académicos, que son distribuidas a través de nuestra Web.

El servicio de «libros a la carta» funciona de dos formas.

1. Tenemos un fondo de libros digitalizados que usted puede personalizar en tiradas de al menos cinco ejemplares. Estas personalizaciones pueden ser de todo tipo: añadir notas de clase para uso de un grupo de estudiantes,

introducir logos corporativos para uso con fines de marketing empresarial, etc. etc.

2. Buscamos libros descatalogados de otras editoriales y los reeditamos en tiradas cortas a petición de un cliente.

Printed in Poland
by Amazon Fulfillment
Poland Sp. z o.o., Wrocław